50歳ですが、いまさらNISA始めてもいいですか？

お金の運用の専門家
一級FP技能士
鬼塚祐一

フォレスト出版

いよいよ新NISAスタート
NISAって、どうなんだろ…。
私たちも始めたほうがいいのかな?
いやぁ、この歳から投資なんて始めても…いまさらじゃない?
新佐《にいさ》 実《みのる》
コポポ…
新佐《にいさ》 珠瑠《たまる》
新佐《にいさ》 房子《ふさこ》
そもそもリーマンショック級の大暴落がまた起こらないとも限らないから、リスキーだね
そうよねぇ…。
でも、珠瑠も高校卒業したら大学入学でお金かかるし
私たちの老後資金なんて雀の涙だし…はぁ…

あ、珠瑠！そろそろ学校行く時間よ！
あ、もうこんな時間じゃん！
じゃ、いってくるね！
いってらっしゃい！
バタ バタ バタ
ガタン
では結論…！
ガタン
50代以降は投資なんてしないで節約して質素に暮らすべき
50代から始める投資は危険！
今、すでにかなり節約して暮らしているのに
これ以上何を節約すればいいの？
ガタン
ガタン

ガタン
ガタン
50代以降は人生を楽しむことを諦めないといけないの!?
はぁ…
あれ、どうした? 新佐さん何かあった?
いや…たいしたことじゃないんだけどね
これ見てよ!
今年からいまさらNISA始めようかと思ったんだけど
「50代は投資なんてしないで、節約して質素に暮らせ」なんて言われちゃうとね…
ちょっと凹むわ

あ、そうそう
そういえば経理部の田中部長が50歳からNISA始めたらしくって、社内でも噂になってたよ！

え、あの人いつも「投資はギャンブルだから近寄るな！」って言ってなかったっけ？

そうそう、だから「どうしちゃったの？」って噂になったのよ…

へぇ
噂をすれば…！

おつかれさまです田中部長！

お、おぉ！……新佐さん朝から元気だね。

あのぉ…ちょっとお伺いしたいんですが田中部長、最近NISA始めたってホントですか？

え？ん、まあ…

で、
どうなんですか？
え、
なにが？
投資の結果ですよ
「投資はギャンブル」
じゃないいんですか？
もしや新佐さん、
NISAに
興味あるの？
そうなんです
いまさらながら
始めようかと…
フッ…
ぱあ
すばらしい！
「50代がいまさら
NISAなんてやっても
しかたない」なんて言う
けしからん輩が多いが
そんなことは
まったく
断じてない！
グッ！
そ…
そうなんですね…

そういうことであれば、私がNISAを始めるきっかけになった、とあるユーチューバーのオフ会に参加するといい
あとでメールに詳細を送るから
ありがとうございます！
そして
遅れてごめんなさい！
いえいえ、お待ちしておりました
鬼塚祐一です よろしくお願いします
新佐房子です 今日はよろしくお願いします
新佐さんはオフ会初参加ですね！
今日はざっくばらんに疑問点や不安をお伝えいただければ、すべてお答えしますよ

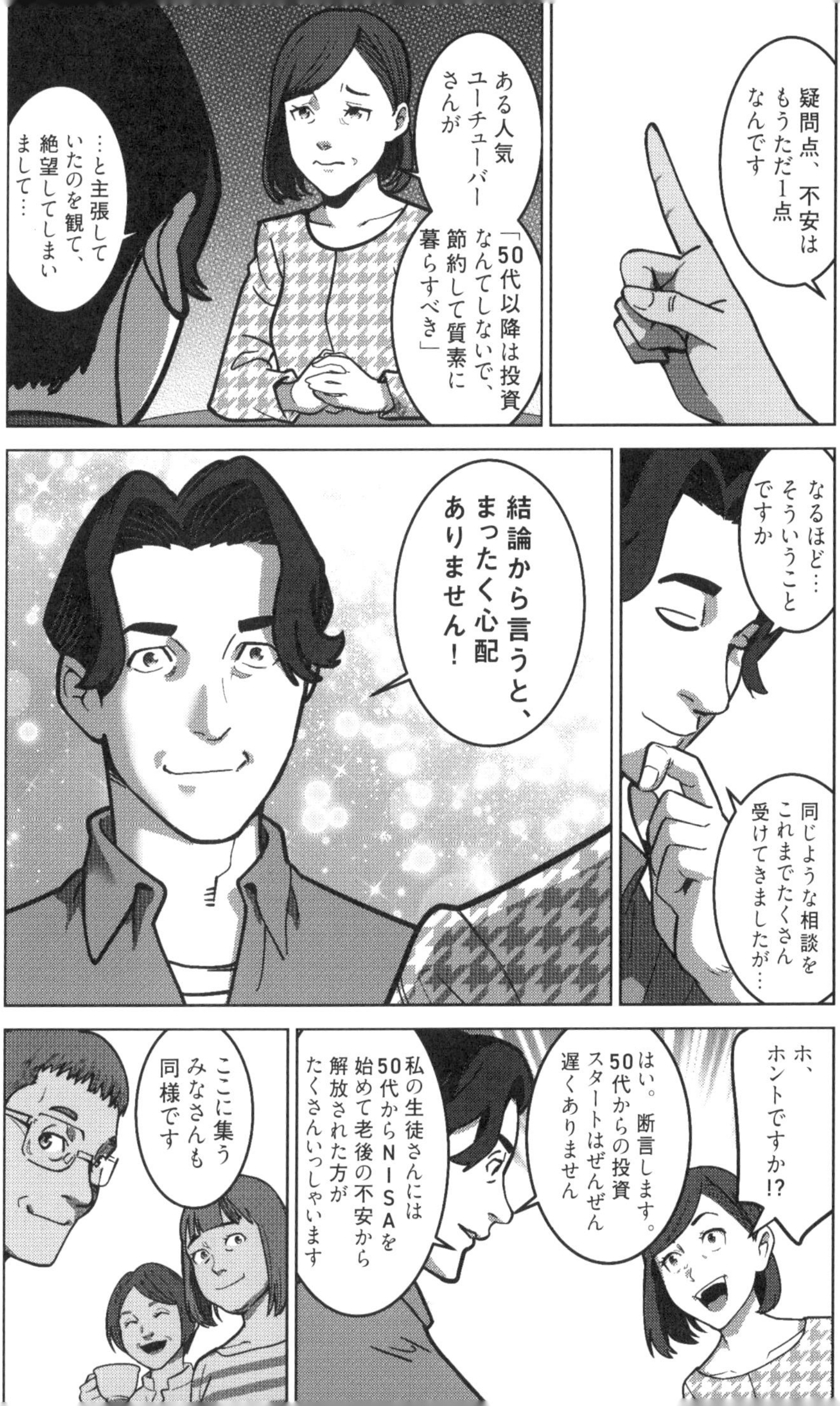
疑問点、不安はもうただ1点なんです
ある人気ユーチューバーさんが
「50代以降は投資なんてしないで、節約して質素に暮らすべき」
…と主張していたのを観て、絶望してしまいまして…
なるほど…そういうことですか
同じような相談をこれまでたくさん受けてきましたが…
結論から言うと、まったく心配ありません！
ホ、ホントですか!?
はい。断言します。50代からの投資スタートはぜんぜん遅くありません
私の生徒さんには50代からNISAを始めて老後の不安から解放された方がたくさんいっしゃいます
ここに集うみなさんも同様です

ポイントは3つ!
①分散投資
②長期投資
③リバランス
この3つを守ること
そして、50代からの投資でとっても重要なのは次!
トン…
分散投資に債券を組み入れてリスクを減らす!
分散投資?
これは1929年の世界大恐慌で暴落した株価の推移です
下の折れ線をみると、株価指数が回復するのは、じつに25年もの年月がかかるのです!
25年も…
2000 ドル
1800
1600
1400
1200
1000
800
600
400
200
0
米国株式配当込み
米国株式配当なし
指数そのものがピークを回復するのは25年かかった
1925/12 30/12 35/12 40/12 45/12 50/12 55/12
(注) 1925年12月末に100ドルを投資した場合の資産額の推移
https://www.nikkei.com/article/DGXBZO04570930U0A320C1000000/ より

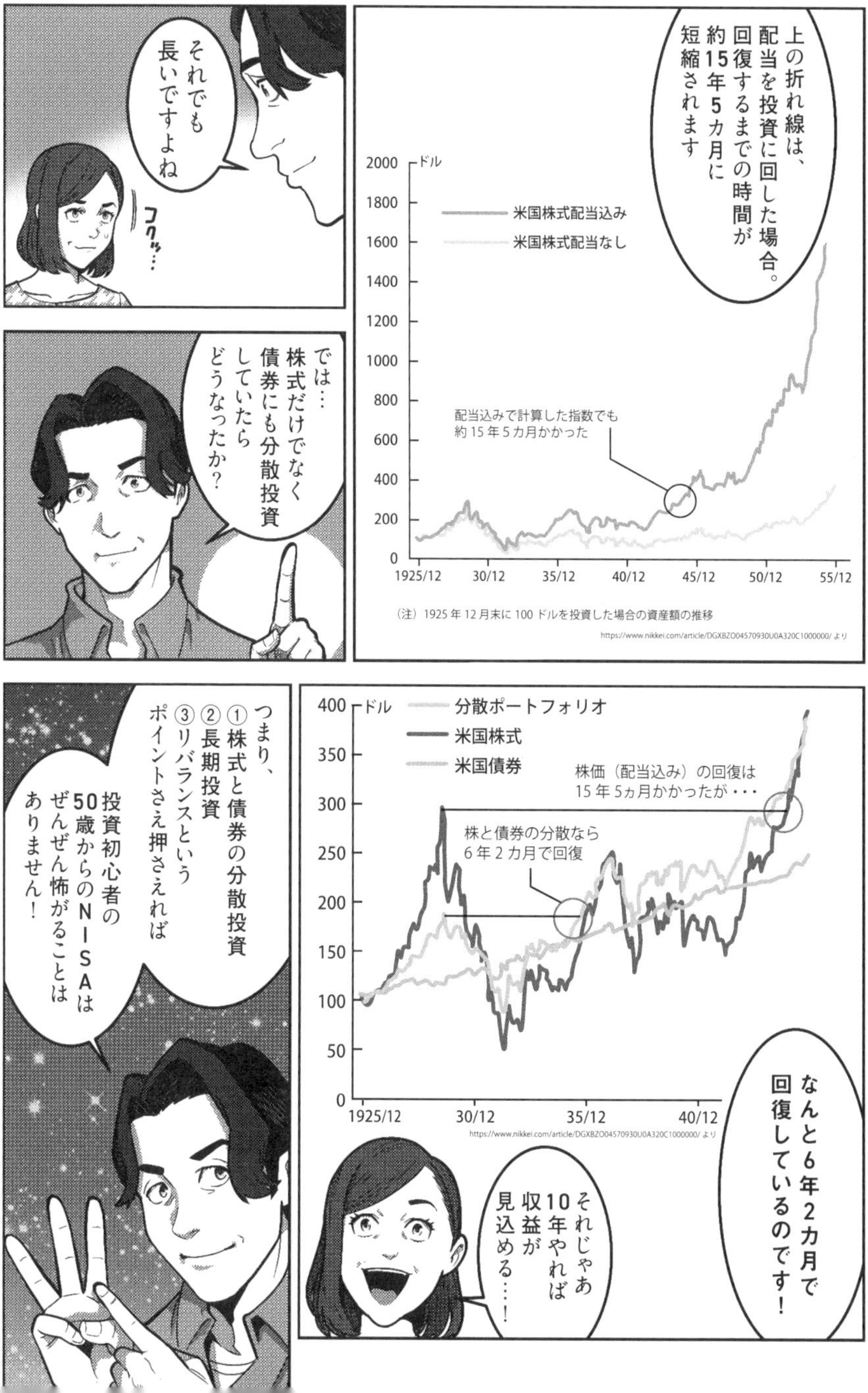
上の折れ線は、配当を投資に回した場合。回復するまでの時間が約15年5カ月に短縮されます
ドル
米国株式配当込み
米国株式配当なし
配当込みで計算した指数でも約15年5カ月かかった
1925/12 30/12 35/12 40/12 45/12 50/12 55/12
（注）1925年12月末に100ドルを投資した場合の資産額の推移
https://www.nikkei.com/article/DGXBZO04570930U0A320C1000000/ より
それでも長いですよね
コクッ…
では…株式だけでなく債券にも分散投資していたらどうなったか?
ドル
分散ポートフォリオ
米国株式
米国債券
株価（配当込み）の回復は15年5ヵ月かかったが・・・
株と債券の分散なら6年2カ月で回復
1925/12 30/12 35/12 40/12
https://www.nikkei.com/article/DGXBZO04570930U0A320C1000000/ より
なんと6年2カ月で回復しているのです！
それじゃあ10年やれば収益が見込める…！
つまり、①株式と債券の分散投資 ②長期投資 ③リバランスというポイントさえ押さえれば
投資初心者の50歳からのNISAはぜんぜん怖がることはありません！

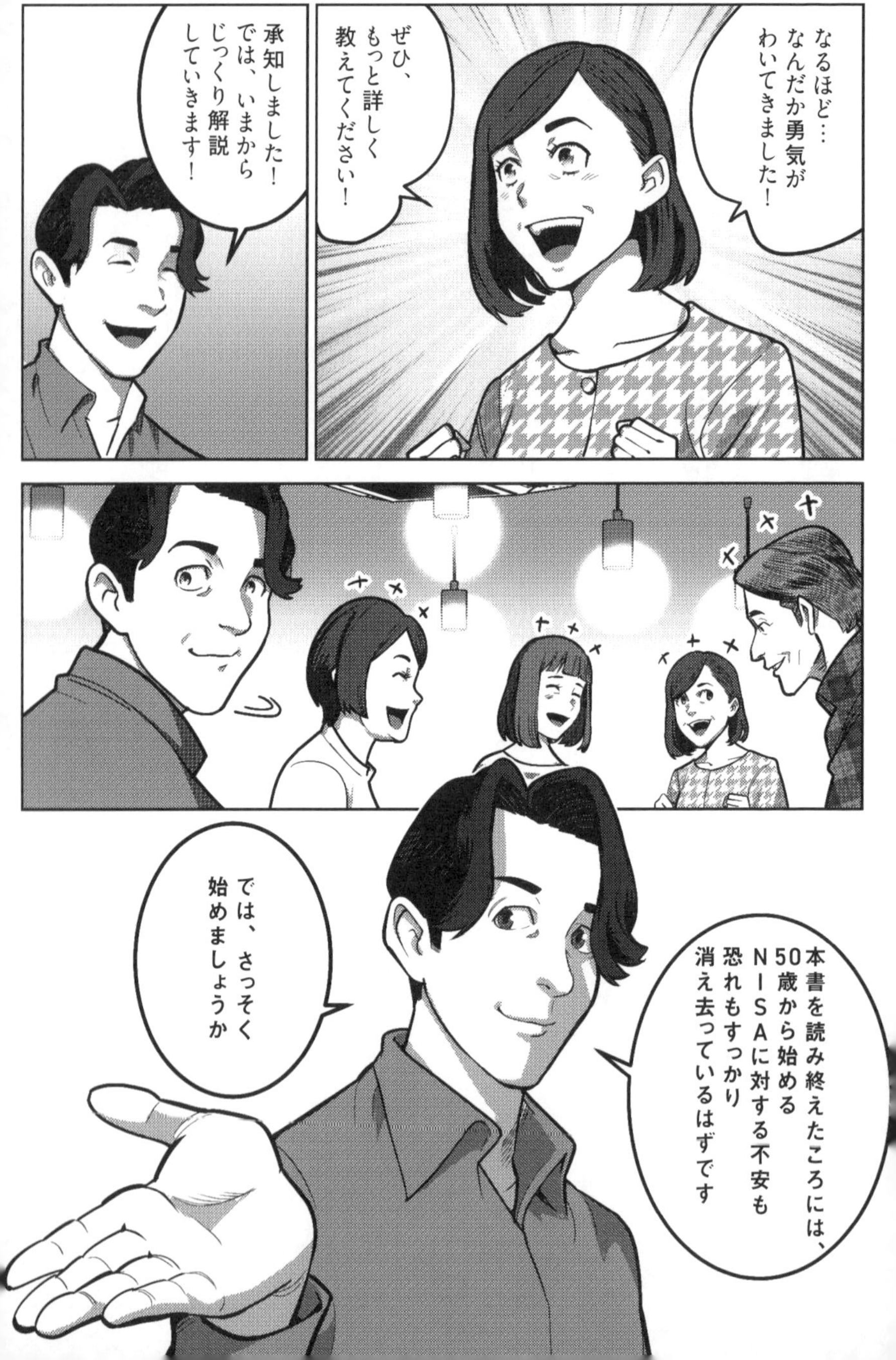
なるほど…
なんだか勇気が
わいてきました！
ぜひ、
もっと詳しく
教えてください！
承知しました！
では、いまから
じっくり解説
していきます！
本書を読み終えたころには、
50歳から始める
NISAに対する不安も
恐れもすっかり
消え去っているはずです
では、さっそく
始めましょうか

はじめに

はじめまして、鬼塚祐一と申します。

私は、国家資格の１級ファイナンシャル・プランニング技能士の資格を持つ「お金の運用の専門家」です。

２０１５年、日本ではきわめて珍しい、金融商品の仲介を一切しないＦＰ事務所を設立し、お金の知識ゼロの方が気軽に安心して資産運用を始められるお手伝いをさせていただいております。

さて、２０２４年１月から、新ＮＩＳＡ《ニーサ》制度が始まりました。

ＮＩＳＡという制度については、ほとんどの方が名前くらいは聞いたことがあるのではないかと思います。

詳しくは本書で述べますが、**ＮＩＳＡとはあなたが投資をした「利益」に「税金がかからない」ようにしてくれる制度**です。

これまでのＮＩＳＡ制度には、いくつかの欠点があったため、国民の間にイマイチ普及していませんでしたが、２０２４年1月から始まった新ＮＩＳＡ制度ではそれらの欠点が大幅に改善されることとなりました。

例えば、投資に使える枠が「選択制」から「併用可」になったり、年間投資枠が大きく拡充されたり、非課税保有限度額も８００万円または６００万円までだったのが、一気に１８００万円までに増えたりすることになったのです。

新ＮＩＳＡは、これまで「お金を増やしたいとは思っていたけど、どうしたらいいのかさっぱりわからない……」という悩みを抱える多くの日本人にとって、まさに投資への第一歩としてベストな選択肢が設計されたと言っても過言ではありません。

「そうは言っても、投資、それも積立投資を始めるには、じぶんは50歳以上だし……」

「いまさらＮＩＳＡなんて始めても意味がないのでは……」

このように腰が引けてしまう人も大勢おられると思います。

結論から申し上げます。

50歳以上で投資を始めることは決して遅くはありません。
今から始める価値は十分あります。

私が運営しているYouTubeチャンネル「小学生にも分かる投資の授業」のオフ会を名古屋で開いたときに、50代の女性からこのような相談をされました。その女性は、とある有名な投資系ユーチューバーが「50代以降は投資なんてしないで節約して質素に暮らすべき」と主張しているのを聞いて、絶望してしまったそうです。

その女性は、「今、すでにかなり節約して暮らしているのに、これ以上何を節約すればいいいの？　50代以降は人生を楽しむことを諦《あきら》めないといけないのですか？」と嘆いていました。

あなたも、その女性と同じように、「50代以降は投資なんてしないで節約して質素に暮らすべき」という投資系YouTuberの主張を聞いてガッカリしたことはありませんか？

ご安心ください！

繰り返しになりますが、**50代から投資を始めることは決して遅くはありません。**

本書では、**投資経験ゼロの50代の方がＮＩＳＡで効率良く資産を形成する方法**をお伝えしていきたいと思います。この方法を知っている人と知らない人とでは、将来的にかなり大きな差がついてしまうはずだと確信しています。

投資に「数学的才能」や「専門的知識」は不要

ここまで読まれた方は、こんな疑問を抱くかもしれません。

「鬼塚さんは、50代から投資を始めても遅くはないと言っているけれど、実際にその年代から投資を始めてうまくいった人なんているの？」

私は、ＦＰとしてさまざまな方の投資をお手伝いする中で、実際に50代で知識ゼロの状態から投資を始め、着実な資産形成をすることに成功された方々にたくさん出会ってきています。

詳しくは第1章でご紹介しますが、例えば、61歳の医療従事者の方は、投資で**２１１７万円の利益**を上げました。

57歳の主婦の方で**３７８２万円の利益**を上げた方もいます。

60歳で一度定年退職されてから、同じ会社に再雇用された方で、投資で**２３０４万円の利益**を上げた方もいました。

このように50代から投資を始めたけれども、着実に資産を形成することができた人の例は、枚挙にいとまがありません。

「50代以上から投資を始めても大丈夫」と言われても、「投資なんて専門的な知識のある頭のいい人じゃないとうまくいかないんじゃないの？」と、まだ、その気になれない方も多いでしょう。**特に、50歳まで投資とは無縁の人生を過ごしてきた方ほど、「投資＝リスクがあって難しいこと」ととらえる傾向があるようです。**

しかし、心配は要りません。

かく言う私も、今でこそFP事務所を運営して、皆さんに投資のアドバイスをさせていただいていますが、かつては「投資」とはまるで縁遠い人生を送っていたのです。

ここで、軽く自己紹介をさせていただきます。

私は、学生時代、勉強が非常に苦手でした。数学のテストでは、高校2年生の夏になんと0点を取ったこともあるくらいです。0点というのは、取ろうと思ってもなかなか取れない点数です。それくらいに数学が苦手だったのです。

それほどまでに数学が苦手だったので、受験した大学は当然ながら私立の文系。なんとか受かったものの、大学の授業にはほとんど出席せず、バイトとバンド活動に明け暮れる日々を過ごしていました。私がやっていたのは「パンク」というジャンル。バンドではドラムを叩いておりました。長年ファンだったJITTERINJINN《ジッタリン・ジン》さんの前座を務めたこともあります。

大学卒業後は郵便局に就職し、５年間、ゆうちょとかんぽの営業職を経験する中で、投資や資産運用への興味が湧いてきました。そして、郵便局を退職すると、女性向けのマネーセミナーを主催していたＦＰ事務所に8年間勤務し、36歳のときに独立しました。

独立後は、**金融商品の仲介はしない**というスタイルを貫いています。良いものは良い、悪いものは悪いと言える立場でいたいからです。これは、パンクバンド時代に培《つちか》った反骨精神が影響しているのかもしれません。

なぜ、このような自己紹介をしたかというと、**「投資というのは、それほど難しいものではない」**ということを感じてほしかったからです。数学では0点、大学時代はバイトとバンド活動に明け暮れていたような私が、今では皆さんに投資や資産運用についてのアドバイスをさせていただいているのです。

投資をするのに、天才的な数学の才能や、ものすごく難解な知識は一切不要です。

数学のテストで0点を取るくらいだった私が、今では投資で着実にお金を増やすことができていますし、それも単にできているだけでなく、人様にアドバイスをする立場になっているくらいですから、投資というのは思っているほど難しくありません。

しかも、2024年1月から始まった新NISA制度を正しく使えば、投資がさらにあなたにとって身近な存在になることは間違いありません。

この本を読み終えたとき、これまで投資をしたことがなかった方も、「じぶんにもできそう！」「やってみようかな」とワクワクしてくるはずです。

第6章 50歳からのNISAの始め方
実践ステップと投資銘柄

ブックデザイン　小口翔平＋後藤司＋須貝美咲（tobufune）
漫画　上西淳二
DTP　キャップス
校正　広瀬泉
執筆協力・図版制作　ファミリーマガジン

第1章

50歳から NISAを始めても 手遅れではありません！

50代から始めた6名の投資結果は？

「50代から投資を始めても全然遅くない」

そう聞いても、本書を手に取っておられるあなたは、容易には信じられないかもしれません。世間の多くの人々は、「50代以降に投資なんてするよりも、貯蓄に回して堅実に老後を生きたほうがいい」という考えにとらわれているからです。

しかし、私は投資に関するプロのアドバイザーとして、**「50代以降から投資を始めるのは全く遅くはない」**と声を大にして言いたいのです。

なぜなら、私は数多くの成功例を実際に目にしてきているからです。ここでは、私の知っている成功例を6人取り上げ、あなたにご覧いただきたいと思います。

実際に投資を始めるかどうか、まずは実例をご覧になったうえで、決めてください。

ケース1 57歳から投資を始めた61歳の医療従事者

まず、1人目の方は、61歳の医療従事者、塩塚さん（仮名）です。

ある日、塩塚さんからこんなメールが届きました。

「投資を始めて4年半になりますが、ついに我が家の資産総額が1億円、利益が2000万円以上になりました。このままいけば、安心して老後が迎えられそうです。思い切って投資にチャレンジして本当に良かったです」

塩塚さんは、57歳のときにNISA口座を開設して、投資信託で投資をスタート。開始当時は投資経験ゼロで、人生初めての投資だったそうです。現在61歳で、投資をしているのはご本人、ご主人、娘さんの3人。

利益は２１１７万円で、資産総額は１億円を突破。

金融機関はＳＢＩ証券というネット証券を利用しており、投資額が大きく、ＮＩＳＡの上限枠を超えているため、非課税枠を超える分は特定口座（通常の証券会社の口座のこと）で運用しているそうです。３人の投資の内訳ですが、ご主人が８２９万円の利益、塩塚さんご本人が１１４５万円の利益、娘さんが１４３万円の利益を上げておられます。

ケース２　53歳から投資を始めた57歳の主婦

２人目の例を紹介します。**57歳の主婦・太田さん（仮名）**です。

太田さんは、53歳から投資をスタートして、現在までに３７８２万円の利益を上げているとのことです。利用している金融機関は先ほどの塩塚さんと同じＳＢＩ証券。購入しているのはｅＭＡＸＩＳ《イーマクシス》Ｓｌｉｍ《スリム》という投資信託です。

太田さんも投資額が大きいため、ＮＩＳＡの枠以外に特定口座を利用しています。

投資をしているのはご本人とご主人の2人で、太田さん本人が1777万円の利益、ご主人が2005万円の利益が出ています。

eMAXIS Slimという投資信託は10本くらいの種類があるのですが、太田さんはそのうちの4本を選んで組み合わせて購入されています。

ケース3 53歳から投資を始めた60歳の会社員

3人目の例は、定年退職後に再雇用で働いておられる**60歳の会社員・佐藤さん（仮名）**。奥様と一緒に投資をされています。

53歳のときに人生初の投資をNISAでスタートされ、現在までに2304万円の利益が出ているとのこと。佐藤さんは**「年に1回のリバランス以外は、本当に何もしていません。ただ持って放置していただけなのに、ちゃんと増えてくれていてびっくりです」**と語っています（「リバランス」という専門用語が出てきましたが、この言葉については後ほど詳しく説明いたします）。

佐藤さんの利益は2016年から投資を始めて現在1075万円。購入している商品はすべて投資信託です。ちなみに、奥様の利益は932万円だということです。スタート時期はご主人と同じ2016年で、利用している金融機関は2人ともSBI証券です。

また、佐藤さんは勤務先の企業型DC（運用を社員が行う退職金制度）を利用して297万円の利益を上げているとのことで、合計の利益が2304万円となっています。

ケース
4

50歳から投資を始めた61歳の会社員

4人目は、**61歳の会社員・片岡さん（仮名）**。

投資を始めた50歳のときには貯金がゼロだったそうです。おまけに投資経験もゼロ。しかし、今では1303万円の資産形成に成功されています。そもそも貯蓄が苦手だったという片岡さんは、50歳の時にこのままではいけないと一念発起、なんとかしなきゃと私のところへご相談に来られたのでした。貯めることに成功した１３０３万円のうち、投資による利益額は３４５万円だそうです。

片岡さんが投資を11年前に始めたときに買った商品は「変額個人年金保険（通称：変額年金）」というもの。変額年金も中身は投資信託で運用する年金なので、片岡さんも実質的には投資信託でお金を増やされたということになります。

ただし、変額年金はすでに解約済みで、その解約返戻金１１２９万円を、ＳＢＩ証券でＮＩＳＡおよび上限枠を越える分を特定口座で運用しているそうです。なぜ、変額年金を解約されたかというと、単純にＮＩＳＡのほうが「所得税がかからない」からです。

また、片岡さんはＮＩＳＡ以外にｉＤｅＣｏ《イデコ》も利用されて36万円の利益を出していらっしゃいます。

11年前は貯蓄ゼロだったという状態を知っている私からすれば、片岡さんがこれだけの資産を形成されたことは、とても感慨深いものがあります。

ケース
5

56歳から投資を始めた58歳の会社員

5人目は**58歳の会社員・山田さん（仮名）**です。

投資に全く興味がなかった56歳のときに、奥様のすすめもあり、SBI証券でNISA口座を開設して投資信託で投資をスタート。現在までに105万円の利益を上げられています。購入しているのはｅＭＡＸＩＳ Ｓｌｉｍ。

山田さんに投資をすすめた奥様でしたが、父親が株で失敗した経験を知っていたせいで、最初は投資に乗り気ではなかったとのこと。しかし、それでも山田さんに投資をすすめたきっかけは「銀行に預けていてもお金が増えないから」だったそうです。

今ではそんな奥様も159万円の利益を上げているそうで、この結果に自信を得て、2人のお子さんにも投資を伝授され、長男と次男で2人合わせて390万円近い利益を上げているそうです。投資が家族の間に浸透した例ですね。

このように、家族の誰か1人が投資の勉強をしてくれると、それが家族全体に波及して、全員が豊かになっていくということが起きてきます。

ケース6 54歳から投資を始めた61歳の主婦

最後の6人目は、**61歳の主婦・田中さん（仮名）**。

54歳のときにＮＩＳＡで投資を始めたのが、人生初めての投資だったそうです。最初の投資額は30万円でしたが、徐々に無理のない範囲で額を増やしていき、今では２９５万円の利益が出るまでになったそうです。

田中さんの年下のご主人は現役の会社員で、こちらも佐藤さんと同じく勤務先の企業型ＤＣを利用して１５３万円の利益を上げているとのこと。つまり、田中さんとご主人合わせて４４８万円の利益が出ているのです。30万円から始めて、できる範囲で着実に投資していった結果、合計４４８万円の利益にまで膨らんだということです。

［図1］

50代からNISAを始めた6名の結果

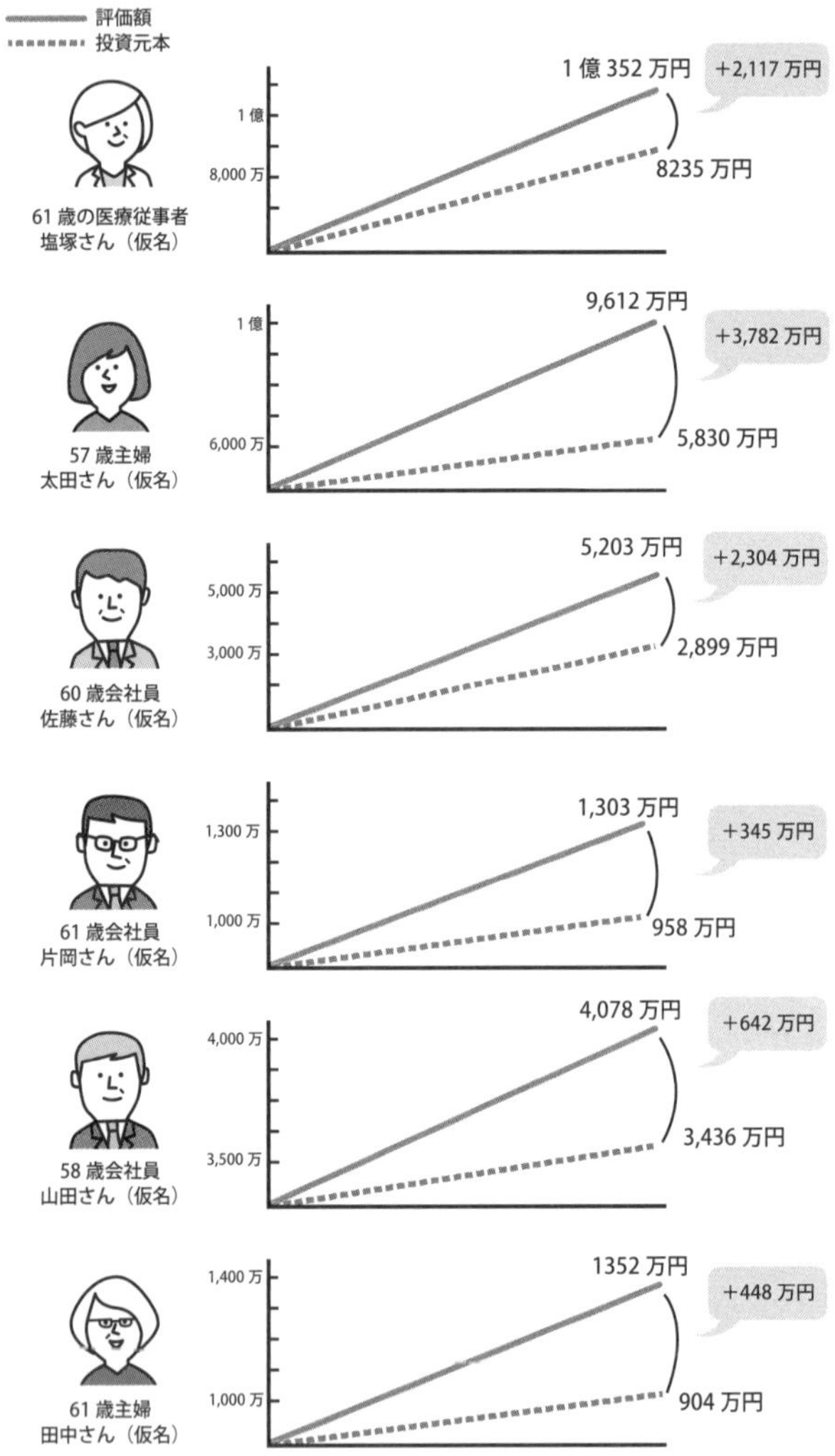

評価額
投資元本
61歳の医療従事者
塩塚さん（仮名）
1億
8,000万
1億352万円
+2,117万円
8235万円
57歳主婦
太田さん（仮名）
1億
6,000万
9,612万円
+3,782万円
5,830万円
60歳会社員
佐藤さん（仮名）
5,000万
3,000万
5,203万円
+2,304万円
2,899万円
61歳会社員
片岡さん（仮名）
1,300万
1,000万
1,303万円
+345万円
958万円
58歳会社員
山田さん（仮名）
4,000万
3,500万
4,078万円
+642万円
3,436万円
61歳主婦
田中さん（仮名）
1,400万
1,000万
1352万円
+448万円
904万円

なぜ、知識ゼロだった投資初心者が着実に資産を増やせているのか？

さて、私の知る50代以上で投資を始めた人たちの成功例を6人見ていただきました。全員がもれなく50代以上で投資を始めるまで、投資の初心者で、投資に関する知識がほとんどゼロに近い状態でした。

にもかかわらず、なぜ資産形成に成功したのでしょうか？

答えは単純です。

投資初心者でも着実に資産を増やすことが可能な方法を選んだからです。

世の中の多くの人は、「投資」と聞くと、反射的に「難しい」と考えてしまうようです。例えば、個別の株式やＦＸのデイトレードなど、複数のパソコンのディスプレイを表示させて、チャートとにらめっこをしながら、常に緊張した状態で売ったり買ったりを繰り返す……。そんなイメージを抱く人が多いのではないでしょうか？

　そういった投資手法は、知識、経験、センスといったものが必要ですし、さらには多くの時間を投資のために割かなければいけなくなります。２０００ページもあるような会社四季報を読み込んだり、日経新聞などの新聞やウェブのニュースサイトをチェックしたり、上場企業の決算資料を読んだり、株価の変動をチャートで常に気にしていなければならなかったりします。

　しかし、普通に仕事をしている50代が、このようなことができるかといえば、ほとんどの方が無理でしょう。仕事や家事に忙しくて時間に追われる毎日を過ごしていては、まず不可能です。

　それに私たちの時間は、仕事、家事だけに使うわけではありませんよね。息抜きだって大事な時間の使い方です。趣味を満喫する、夕ご飯を家族と一緒に食べる、ネットフリックスを観ながらビールを飲む、旅行に行く……などなど。私たちは、人生の質を維持するためには、当然そういったことを楽しむ時間も必要でしょうから、なおさら先ほどのような投資手法をマスターするというのは難しくなってきます。

それなのに、なぜ先ほどの6人は、資産形成に成功したのでしょうか？

答えは単純です。

投資は難しいという多くの方が抱いているイメージにとらわれることなく、**「手間暇がかからない投資法」**を選んだため、見事に成功することができたのです。

これから投資の世界に入っていくあなたは、これまでの常識をいったん捨てて、手間暇かけずにお金を増やす方法があるということに心を開いてみてください。

手間暇がかからない投資法とは？

それでは、50代以上で投資を始めて成功した人々が採用していた「手間暇がかからない投資法」とは、どんなものなのでしょうか？

手間暇のかからない投資法には、次の3つの特徴があります。

①分散投資
②長期投資
③リバランス

この3つでワンセットです。しっかり覚えておいてください。

[図2]

手間暇がかからない投資法

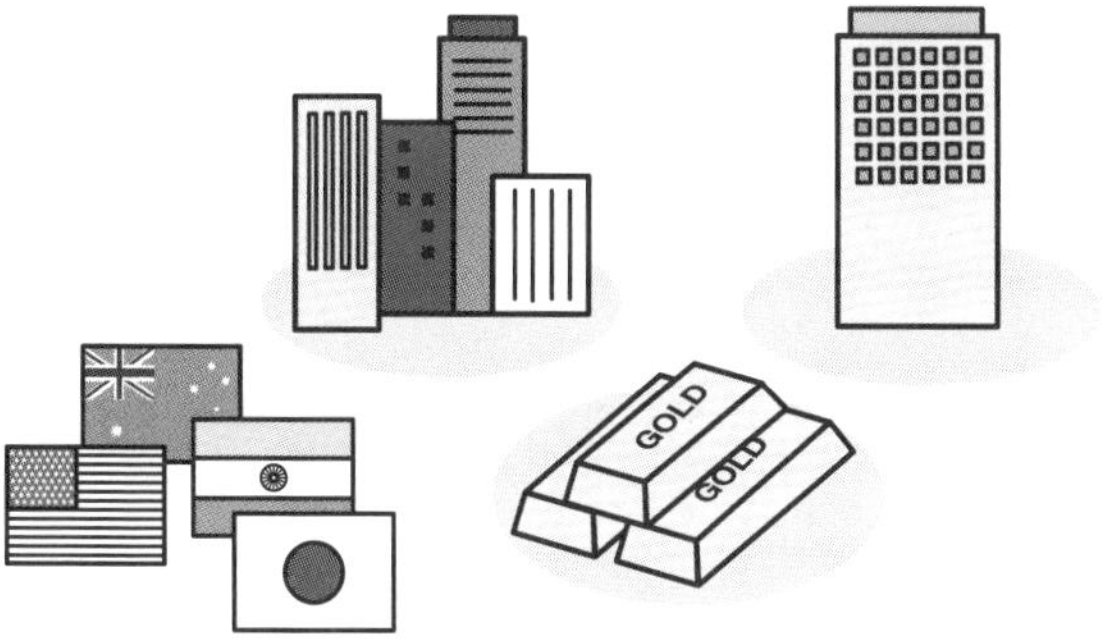

分散投資

長期投資

リバランス

とはいっても、とてもカンタンなのでご安心ください。

まず分散投資の設定をしたら、あとは年に1回リバランスというものを行い、その後は長期的にほったらかしにしておくだけ。

これでワンセットです。「たしかにカンタンそうかも!」と思いませんか?

必要なものはリバランスに使う電卓だけですので、スマートフォンの電卓アプリさえあればできてしまいますし、わざわざ準備しなくても計算が得意な人なら暗算でもいいでしょう。リバランスに必要な時間は1回にたった10分程度。

毎日10分ではありません。

1年に10分だけです。

これなら、どんなに忙しい人でも投資ができますよね。

次のページからはこの3つの手法がなぜ有効なのか、詳しく見ていきます。

「分散投資」の基本的な考え方

さて、投資に成功した人々が全員採用していた「手間暇がかからない投資法」は、分散投資、長期投資、リバランスの3つを組み合わせてワンセットにしたものでした。

ここでは、それらの手法がなぜ私たちの資産を着実に増やしていってくれるのかについて見ていきましょう。

まずは、**「分散投資」**から解説していきます。

分散投資については、投資の世界でとても有名な格言があります。

それは、**「卵を運ぶときに1つのカゴに盛るな」**というものです（図3）。

恐らく聞いたことがある人もいるのではないでしょうか？　卵を運ぶときに1つのカゴに入れて運んでいた場合、転んでつまずいてそのカゴを地面に落としてしまった

［図3］

卵は1つのカゴに盛るな！

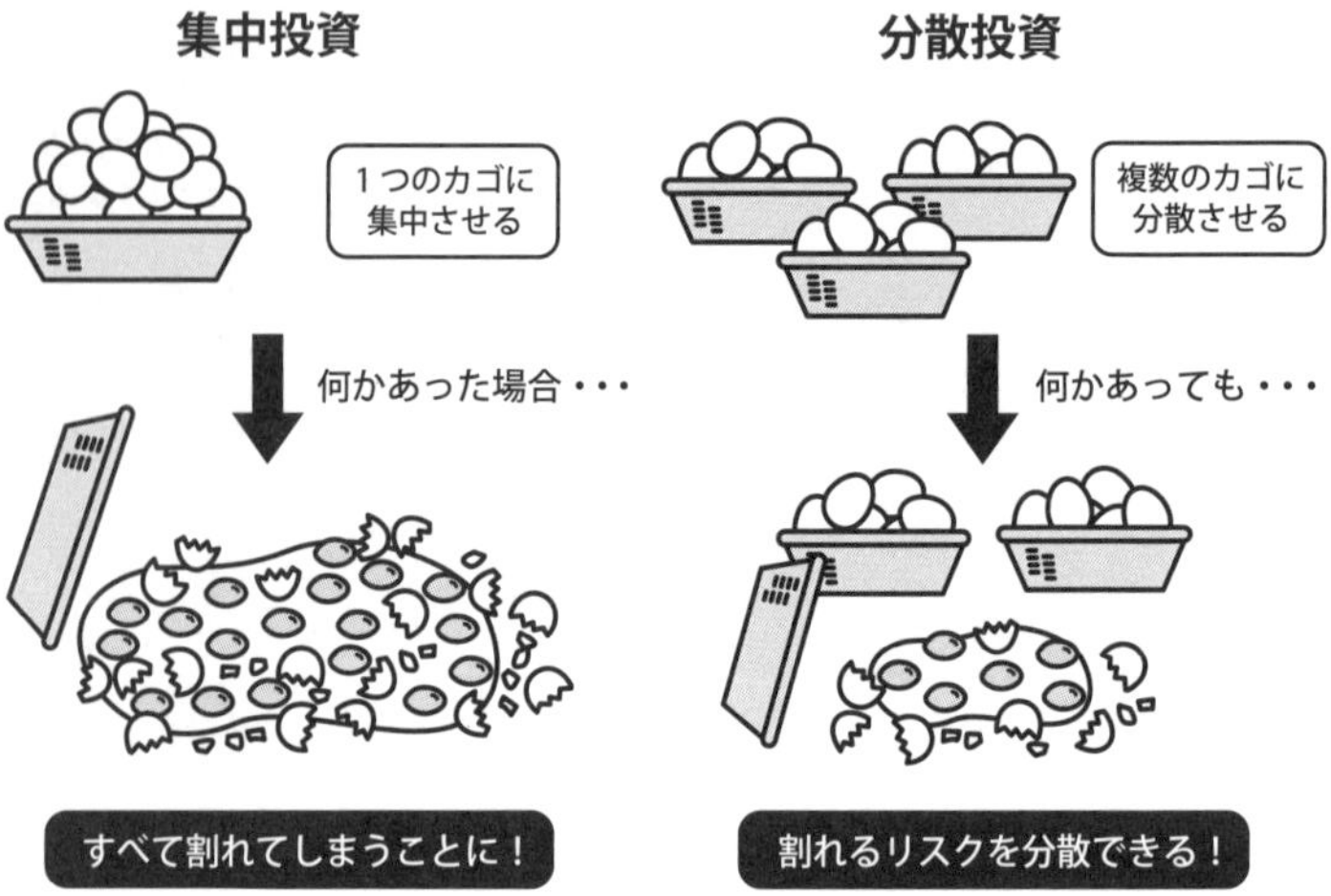
集中投資
1つのカゴに集中させる
何かあった場合・・・
すべて割れてしまうことに！
分散投資
複数のカゴに分散させる
何かあっても・・・
割れるリスクを分散できる！

ら、そのカゴに入っていたすべての卵が割れてしまいます。

そうなったら困るので、例えば3つのカゴに卵を分けて入れておけば、もし1つのカゴを落としてしまってもすべての卵が割れることは避けられます。

この分散の考え方が、投資の世界でも非常に重要なので、ぜひ覚えておきましょう。

投資対象の主な商品とは？

それでは、投資の世界では、何と何に分散するべきなのでしょうか？　つまり、「投資の世界の代表的なカゴってどんなものがあるの？」というお話です。

投資をするための金融商品にはたくさんの種類があります。しかし、大きく分けると、実は、主に次の5つに分類することができます。

① **株式**
② **債券**
③ **為替商品**
④ **不動産**
⑤ **コモディティ**

このうち、特に大きな投資対象、**2大投資対象**と呼ばれているのが、株式と債券です。株式と債券は市場規模が大きく、株式は時価総額1京4780兆円にものぼり、債券にいたっては1京8327兆円にものぼります。

それに対して、金（ゴールド）の市場は1916兆円、不動産投資信託（REI

［図4］

投資商品を大別すると主に5つ

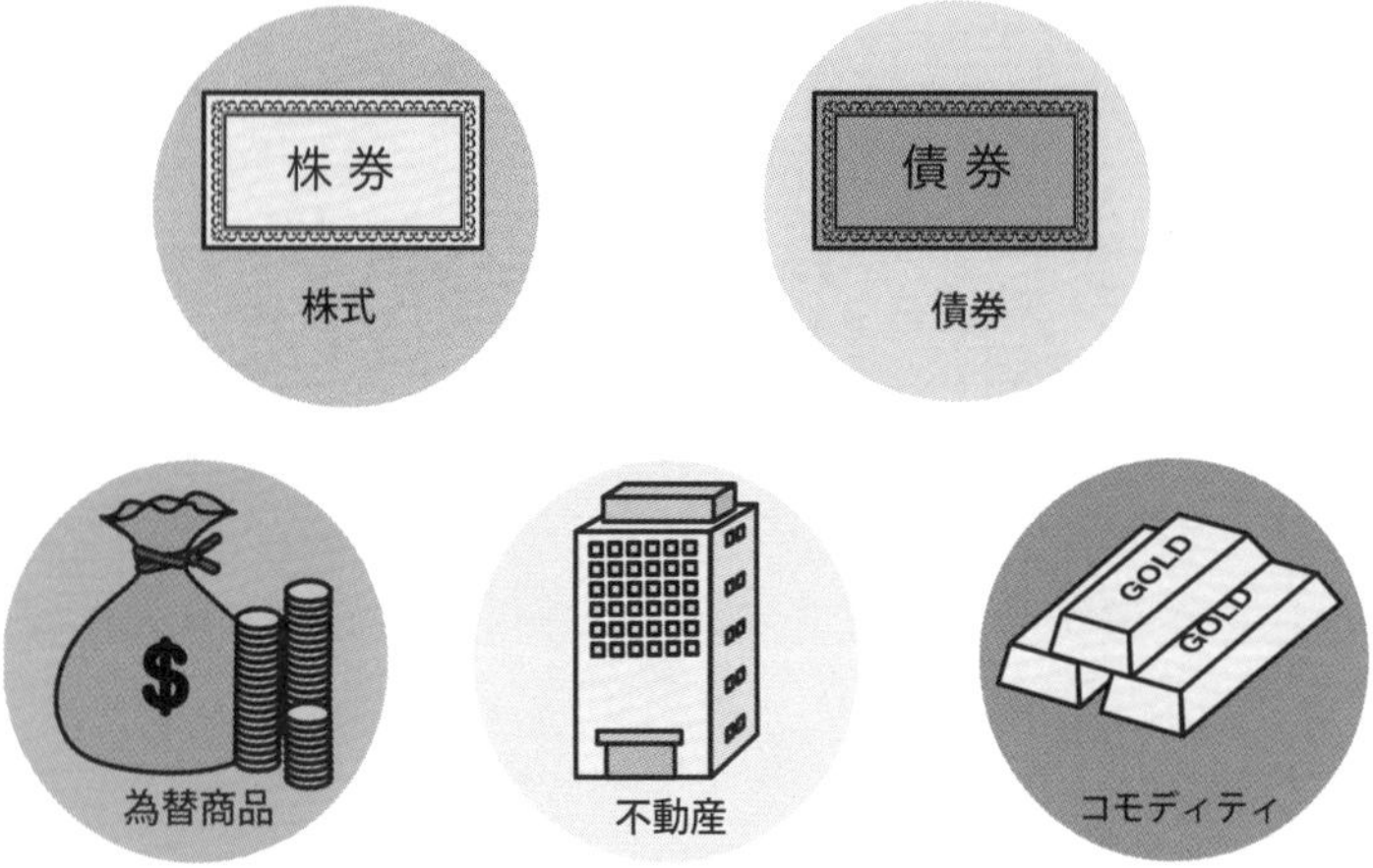

T）の市場は310兆円、ビットコインを含む暗号資産全体の市場規模は163兆円でしかありません。

株式と債券の市場がどれだけ大きいか、おわかりになるでしょう。

手間暇がかからない投資法①

分散投資

株式と債券は市場規模が圧倒的に大きいので、２大投資対象市場と言われています。

そのため、**まずは「株式」と「債券」に分散するというのが、分散投資のキホン**となります。

さらに、株式や債券は、日本だけでなく、外国でも発行されています。なので、国内の株式と債券だけでなく、外国の株式と債券にも分散投資をするというのが基本的な考え方になります。

つまり、この４つです。

❶国内株式、❷外国株式、❸国内債券、❹外国債券

まずは、国内株式を例に説明します。

リスクを抑えるには「分散投資」が効く

分散投資なので、トヨタだけに投資をするとか、ソニーだけに投資をするということではありません。日本の会社だけでも、200社や2000社といった多くの会社に投資をするのが分散投資です。

例えば、2000社に投資しておけば、どこかの会社が不祥事を起こして破綻《はたん》したとしても、別の会社が新商品を大ヒットさせて株価が高騰するということもあるわけです。

ただ、事前に、どこの会社が不祥事を起こすのか、どの会社の商品がヒットするのかを予測することはできるでしょうか?

普通はわかりませんよね。

だから、**分散投資をしておくことで、どこかの会社がダメになったとしても、別の会社が良くなってくれることで、リスクを抑えることができるのです。**

これが、もし、1社に集中投資していたとしたら、どうでしょうか？

その会社が破綻してしまえば、株式は紙くずになり、大損して終了ということになってしまいます。

世界中に投資することでさらにリスクを軽減

それから、会社は当然、日本だけでなく、外国の会社もあります。外国の会社も株式を発行しています。外国の株式にも投資をしておけば、極端な話、日本の会社がぜんぶダメになったとしても、アメリカの会社が成長してくれれば良いわけです。

仮にアメリカもダメだったとしても、ヨーロッパの国々、例えば、ドイツやイギリスの会社が頑張ってくれれば良いわけです。

このように**外国株式にも分散投資をすることで、さらに、リスクを抑えた運用をすることが可能になります。**

［図5］

株式と債券に分散投資した結果

過去20年実績データ（2003年9月末－2023年9月末、円ベース）

平均リターン	リスク
6.1%	**10.5%**

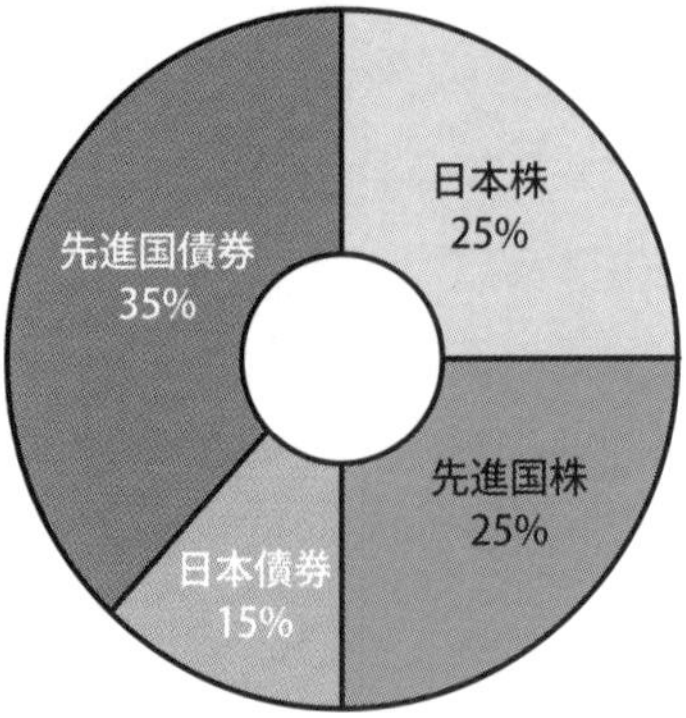

絶対に外せない投資対象とは？

2大投資対象先のもうひとつは債券です。債券の代表的なものに**国債**があります。国債というのは文字通り、国が発行する債券です。国債も株式と同じく、日本だけでなく、外国も発行していますので、国内外に分散投資をすることで、リスクを抑えることができます。

上のデータは、2003年9月末から2023年9月末までの20年間に株式と債券をそれぞれ国内と海外、4つの資産クラスに分散投資したらどうなったかという結果を表しています。

図のような割合で分散投資をしていた場合、**平均リターンが6・1%になりました。**平均リターンですから、毎年毎年6・1%で増え続けたというわけではありません。途中経過では良い年も悪い年もあったわけです。**良い年と悪い年を繰り返していき、2023年9月末に過去20年間を振り返ってみると、1年当たり平均6・1%で運用することができていた**ということを意味しています。

ちなみに、この6%という年利は、30年以上前の郵便局の定額貯金の年利とほぼ同じです。当時、「郵便局に預けておけば10年で資産が倍になるよ」という話を耳にしたことがある方も多いのではないでしょうか？

つまり、分散投資を行うことで、日本の景気が良かったころの郵便局の貯金の利率くらいには、あなたの資産を増やすことができるというふうに考えることができるわけです。

手間暇がかからない投資法②

長期投資

さて、「手間暇のかからない投資法」の2つ目は、**長期投資**です。

長期投資とは、文字通り、**長い期間にわたって投資を続ける**ということです。

なぜ、長く続けることが投資法として有効なのかということをご説明します。

まずは、図6をご覧ください。このグラフは、1996年12月末から2022年7月末までの約26年間に、これまで説明した国内株式、海外株式、国内債券、海外債券に均等に分散したらどうなったかを示したものです。

上に突き出ているグラフは投資結果が良かった年、下に突き出ているのは投資結果がマイナスになってしまった年です。

［図6］

4資産分散の投資期間別年率リターン（円換算ベース）

< 前提条件 > 国内株式、国内債券、海外株式、海外債券に均等投資。毎月リバランスを実施。
（期間：1996 年 12 月末〜 2022 年7月末）

投資期間1年　（1997 年 12 月末から 2022 年 7 月末までの基準月から1年間のリターン）

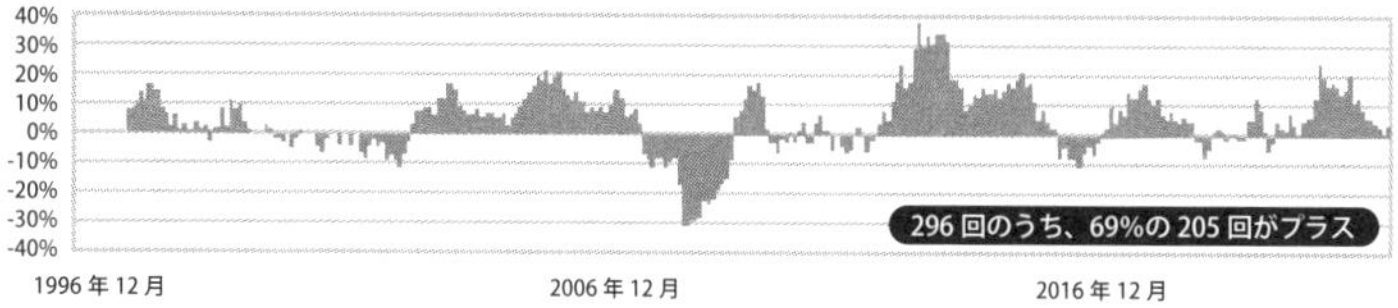

約 26 年間、91 回マイナス

投資期間5年　（2001 年 12 月末から 2022 年 7 月末までの基準月から5年間のリターン）

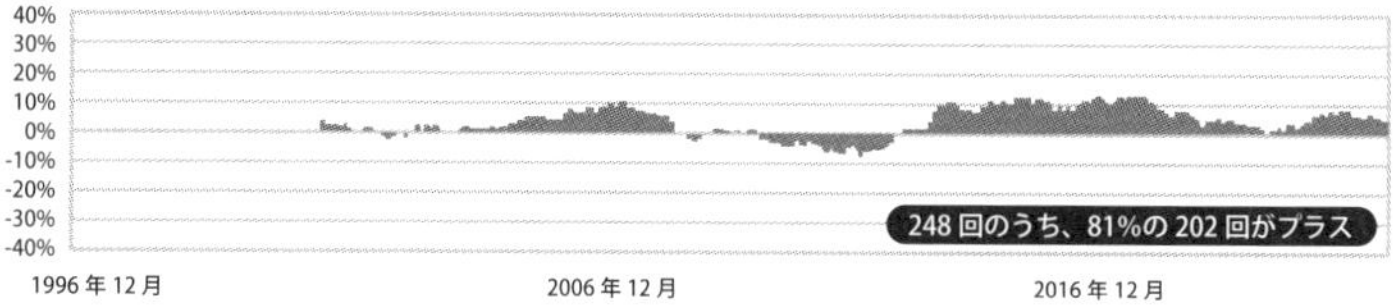

46 回がマイナス

投資期間10年　（2006 年 12 月末から 2022 年 7 月末までの基準月から 10 年間のリターン）

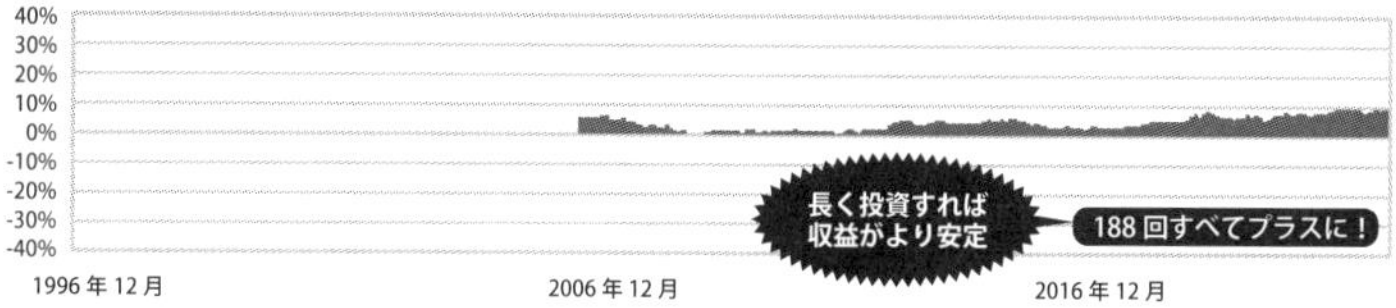

元本割れゼロ

出典：三菱 UFJ アセットマネジメント

1年間だけ運用した場合

まずは一番上の**「投資期間1年」**を見てみましょう。

このデータを見ると、296回試行したうちの205回がプラスの結果、91回がマイナスの結果に終わっています。つまり、**3回に1回は元本割れしてしまった**ということなのです。つまり、**分散投資は、たった1年間だけでは、全く効果が望めない**ということになります。

5年間運用を続けた場合

それでは、1年間ではなく5年間投資を続けていたらどうなるのか。

それを表したのが真ん中の**「投資期間5年」**のグラフです。

これを見ると、5年間続けた場合は、248回のうち81%に相当する202回がプラスに終わり、マイナスに終わったのは46回だけでした。さきほどの投資期間1年間に比べると、プラスに終わる期間がずいぶん増えていることがわかります。

ただし、マイナスで終わってしまうケースが19％もあるわけですから、5年間でも分散投資の効果はあまり期待できないということになります。

長期投資の効果が出てくるのは最低でも「10年」

それでは、長期投資というのは何年くらいのことを言うのかというと、分散投資が本領を発揮するのは10年を超えたあたりからです。

「投資期間10年」のグラフを見ていただければわかる通り、**10年間投資をした場合、188回試行して、なんとすべてプラスに終わっています。元本割れはゼロです。**つまり、いつ何時始めて、いつ何時終わっても10年間投資を続けた場合は、全員がプラスに終わったということです。

これこそが、長期投資の威力なのです。

それにしても、なぜ長期的に運用すると、このように収益が安定的に得られるようになるのでしょうか?

投資を長く続けると聞くと、多くの方は「長く続けたほうが損する確率が高まるのでは?」と思うかもしれません。

しかし、真実はその逆なのです。

投資を長く続ければ続けるほど、安定的に収益を上げられる理由、それは確率の問題ではなく**「経済が全体的に成長してきているから」**です。

経済が成長しているなら、株式の価値は長い目で見れば上がりますから、それに投資している人は利益を上げられるようになるはずです。おまけに分散投資と組み合わせていれば、突然の大暴落などのリスクを軽減することができますから、長く投資すればするほど、安定した収益が望めるようになるのです。

さらにちょっとだけ難しい話ですが、ランダムに起こっているように見える事象でも、長期的なスパンで見ると平均化される**「平均回帰性」「大数の法則」というメカニズム**が働き、結果的に投資を長く続ければ続けるほど損する確率は低くなります。

なぜ、長期の積み立てが投資手法として有効なのか？

それでは、なぜ世界全体の経済は成長し続けているのでしょうか？
理由は2つあります。

世界経済が成長を続ける理由① 世界人口の増加

1つ目は、「人口全体の増加」です。

国連の調査によると、全世界には2022年時点で80億人を超える人口がいるそうです。1987年の時点で50億人だった人口が、30年ちょっとで30億人も増えた計算になります（図7）。

［図7］
世界人口の推移
（推計値）

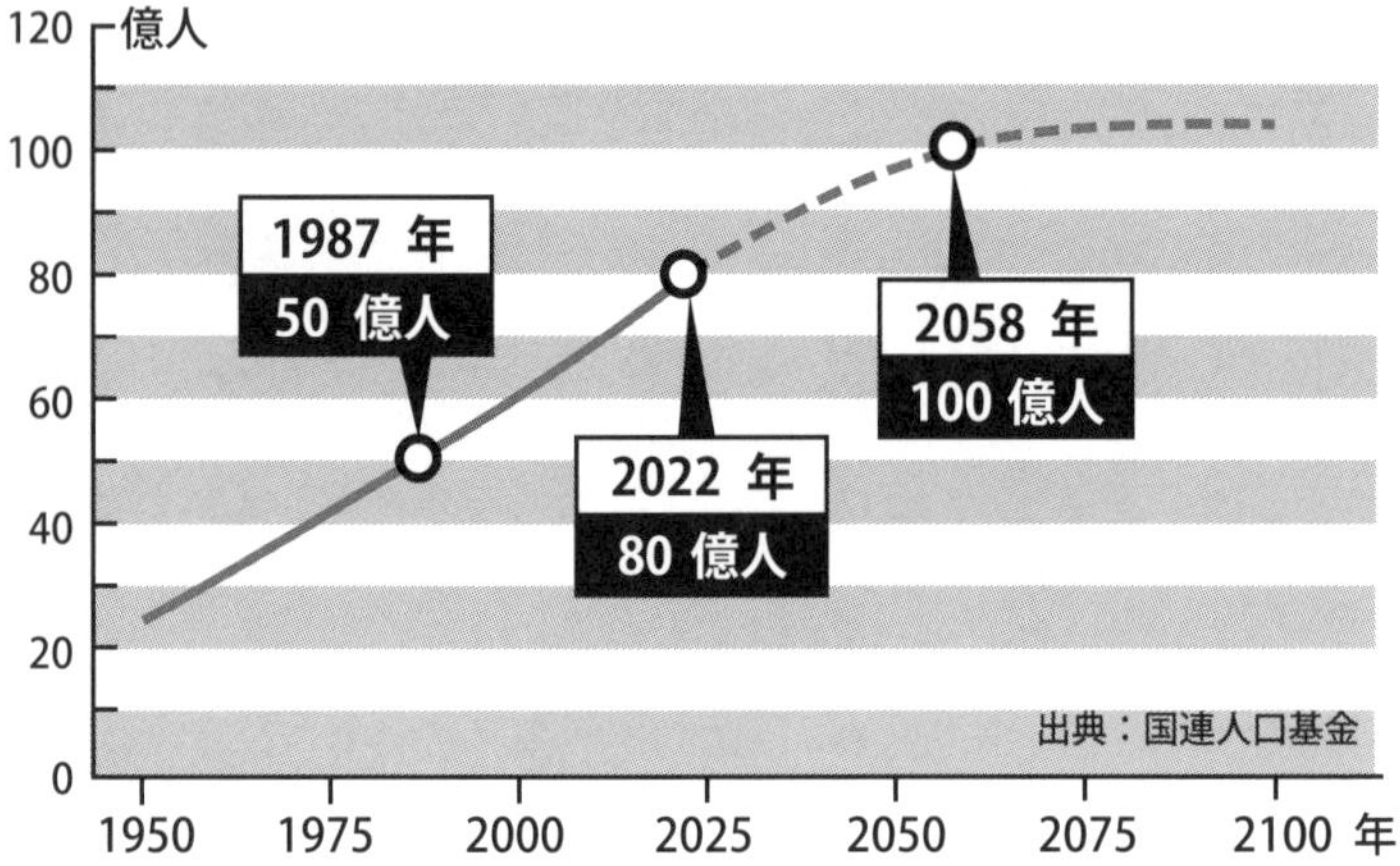

そして、今後も世界の人口は増加していき、２０５８年には１００億人を突破するだろうと言われているのです。**今後も世界の人口が増えていくということは、さまざまな商品を買う人が増えるということを意味しています。**車を買う人、家を買う人、食料品を買う人、そのすべてが増加するということです。

企業側からすればお客様がどんどん増えていくわけです。お客様が増えれば売上が上がりますから、企業の業績は当然、人口の増加に伴って上がっていきます。

世界経済が成長を続ける理由② 際限なき人間の欲求

世界全体の経済が成長し続けている理由、2つ目は「**人間の欲求**」です。

人間の欲求には際限がありません。

そのことを、お風呂《ふろ》を例に取って説明したいと思います。例えば、明治時代のお風呂は桶《おけ》でした。薪《まき》を燃やして風呂釜《がま》や風呂桶を温めていたわけです。

時代を経て昭和のお風呂は、いわゆるバスタブのようなものができましたが、まず水を入れてからそれをガスで沸《わ》かしていました。つまり、水を後でお湯にするのです。

さらに時代が下っていくと、最初からお湯がバスタブに溜《た》まっていくようになり、シャワーまでできて、ボタン1つ押せば24時間いつでもお風呂を沸かすことができるようになりました。おまけに保温機能もありますから、お風呂に入りたいときに常に適温のお風呂に入ることができます。

明治時代の人々にとっては、当時のお風呂で特に問題はなかったはずです。ところが、人間というものは、さらに便利に、さらに効率的に……と商品やサービスの質の向上を求め続ける生き物です。

そのため、お風呂だけでなく、あらゆる分野でさまざまな商品やサービスの質を向上させてきているのです。

私たちが明治時代のお風呂に満足していれば、新しい浴槽などは売れません。シャワーヘッドも売れません。しかし、人間の欲求には際限がありませんから、常に新しい商品・サービスが開発され、それが売れていくわけです。

このように世界の人口が増え続け、その人々の欲求が尽きない限り、多少の浮き沈みはあっても長期的には経済は発展し続けていきます。

だからこそ、長期投資は有効な投資手法なのです。

手間暇がかからない投資法③

リバランス

さて、手間暇がかからない投資法の3つ目は「リバランス」です。

リバランスとは、**投資の比率を元に戻してバランスを取ること**を言います。

分散投資を開始すると、私たちが持っている株式や債券の価格は常に変動していくのがわかります。例えば、62ページの図8のように100万円分の投資資金を、均等に株式と債券に50%ずつ（つまり50万円ずつ）投資したとします。

すると、**株式と債券の価格はそれぞれ変動するため、時間が経つにつれて投資比率にズレが生じてしまうのです。この比率を元に戻すことこそがリバランスです。**

リバランスをすると何がいいのか。図の債券のところを見てください。

はじめは50万円でスタートしたのが1年後には42万円に減ってしまいました。42万

［図8］

損しないためにはリバランスが必須！

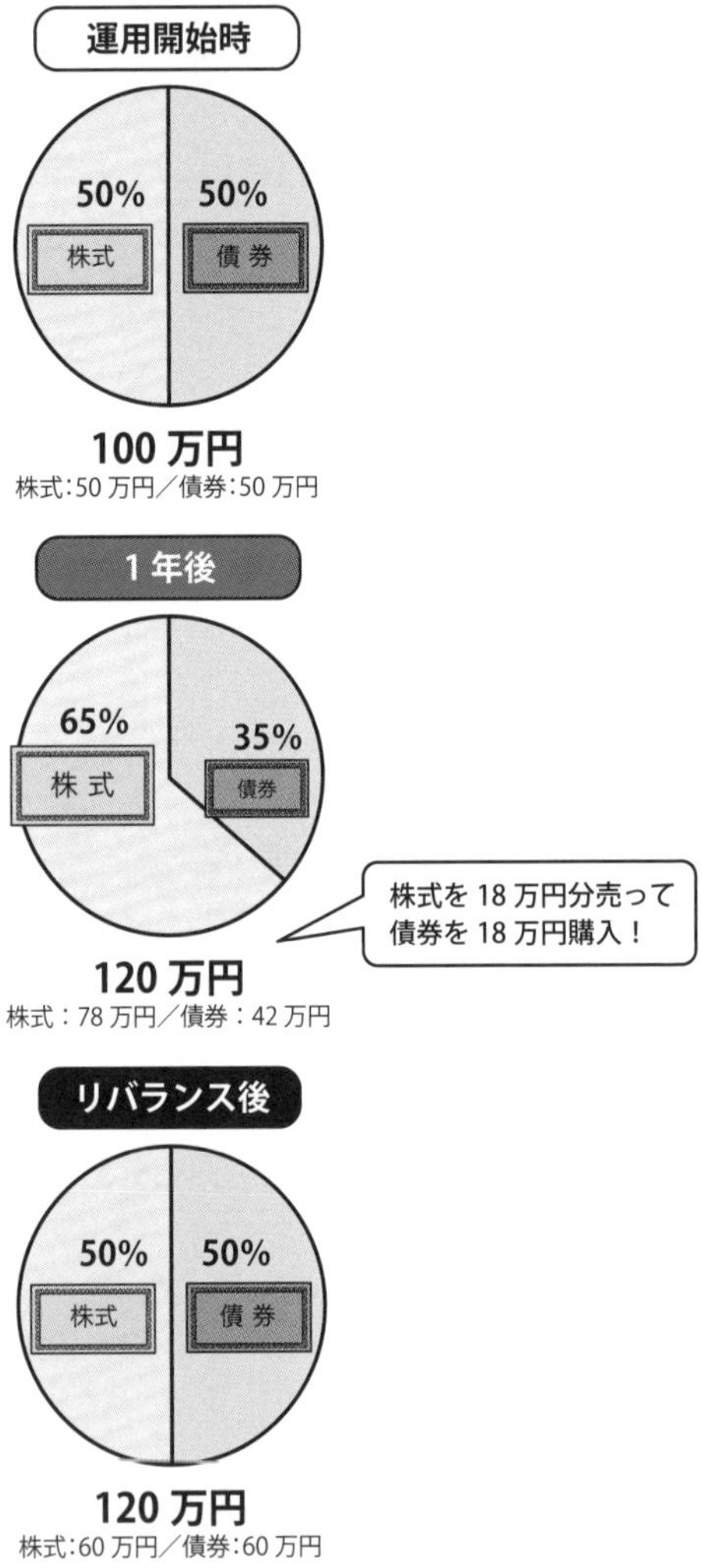

円に減ったと聞くと、「うわー、債券なんて買わなければ良かった！」と後悔するかもしれません。

しかし、投資のプロはそうは考えません。

債券の価格が下がったということは、債券が安くなっている、すなわち**「債券がお買い得になっている」**ということです。

ですから、値上がりした株式を売って、割安になっている債券を追加投資することでリバランスをすると、割安のうちに債券を買い増ししたわけですから、今後は債券の値上がりが期待できる状況になったわけです。

しかも、株式の価格が上がっていたということは、割高になっていると考えることもできるわけですから、もしかしたらこれから値下がりするかもしれません。割高かもしれない株式を売るということは、値下がりする前に利益を確定させたということでもあります。つまり、**値下がりリスクを抑えつつ、割安な債券をお買い得なうちに仕込むことができた**わけです。

これこそがリバランスの真髄なのです。

リバランスをしないとどうなるか？

リバランスをした場合と、しなかった場合とでは投資成績にどれだけの差が生まれるのでしょうか。次の図9を見てください。

この図は、元手100万円を日本の株と債券、海外の株と債券に25％ずつ均等分散投資を行い、リバランスをした場合としなかった場合とではどのような変化が生じるかを表したものになります。

1969年末からスタートし、その後リバランスをしなかった人の場合、2014年には1457万円に資産が増えています。リバランスをしなくても、分散投資を長期で行うことで、100万円が14倍に増える結果になっています。

ところが、**リバランスをした場合には2077万円にまで資産が増えています。その差は実に600万円以上。**リバランスはしておいたほうが良いなということがわかりますよね。

[図9]

リバランスで長期的に運用成績は向上しやすい
（当初100万円を日本株、日本債券、外国株、外国債券に25％ずつ均等投資したと仮定）

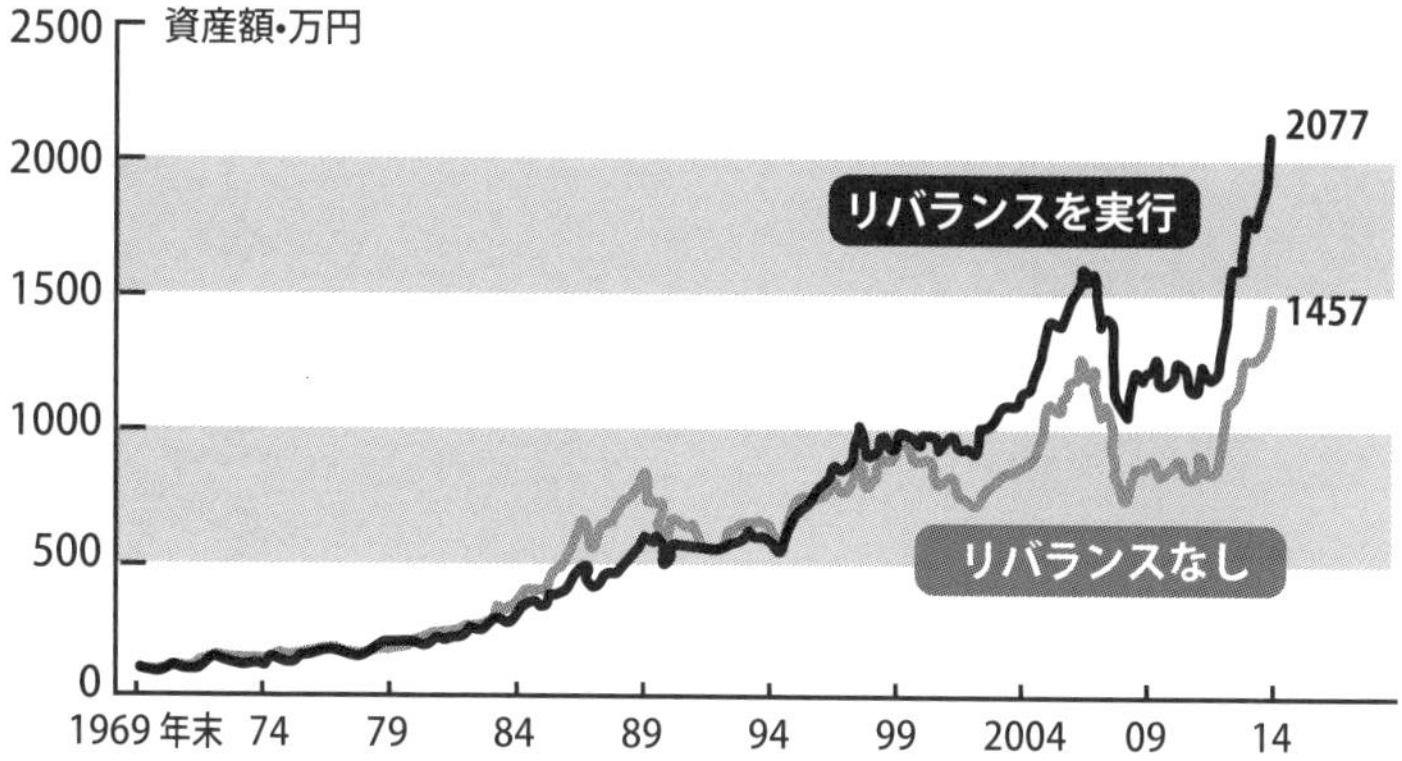

（注）イボットソン・アソシエイツ・ジャパンが試算。リバランスは３年ごと

日本経済新聞朝刊　2015年7月1日記事より

ここまで読まれて、「**分散投資**」「**長期投資**」「**リバランス**」の**組み合わせが、いかに効果絶大か**、よくおわかりになったのではないでしょうか？

しかも、とってもカンタンです。

最初に分散投資の設定をしたら、あとは年に１回、10分ほどでリバランスを行い、その後は、ほったらかしにしておくだけですから。

50代になったら「じぶん年金戦略」を立てよう

ここまでで、50歳以上の方が投資を始めるなら、分散投資、長期投資、リバランスの3つを組み合わせた投資法で始めることが、いかに大切かがわかっていただけたのではないでしょうか。

投資は長期であればあるほど、その間の価格の浮き沈みが平均化されていくので、リスクが低くなっていき、さらに世界全体の人口増加と人間の飽くなき欲求のおかげで、世界経済が長期的に成長していくため、長く投資すればするほど資産形成がしやすくなります。

「定年退職後も運用」すればいい

ここまではご理解いただけたと思うのですが、すでに50代半ばになっている人にとっては、長期投資が有効と言われてもあまり心惹《こころひ》かれないかもしれません。

「じぶんは定年退職までもう数年しかないし、10年以上も運用できないから、投資なんてしても意味ないのでは……」

このように腰が引けてしまう方もいるのではないでしょうか？

「投資に使える残り時間が少ない」という問題が、50代以上を投資から遠ざけている原因となってしまっているのです。

でも、ご安心ください。

そんな方でもできる投資法がちゃんとあります。

[図10]

じぶん年金戦略

（老後も運用を増やしながら必要な分だけ取り崩していく）

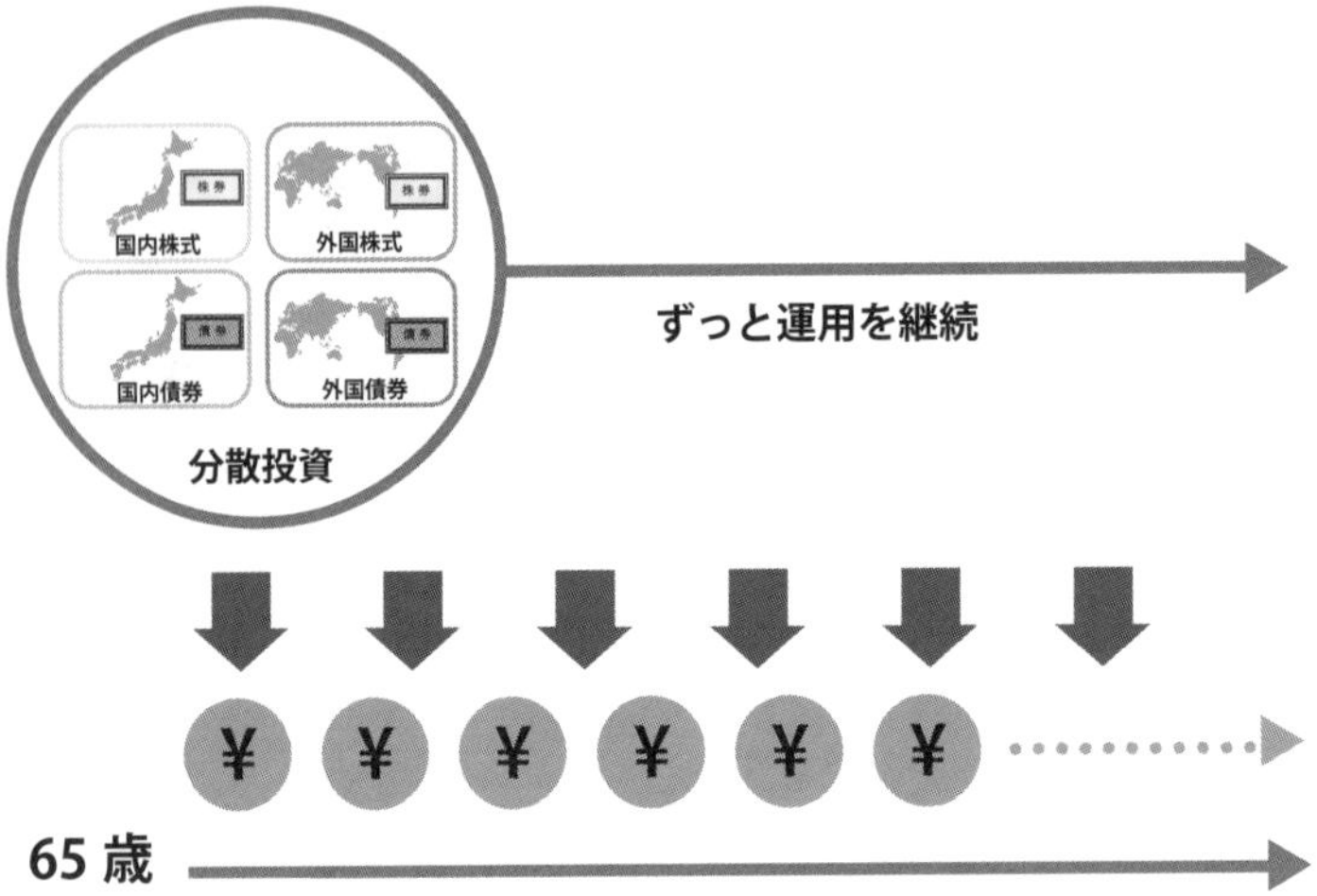

それは**「じぶん年金戦略」**（図10）です。

じぶん年金戦略とは、老後も運用を続けて資産を増やしていきながら、必要な分だけお金を取り崩していく方法のこと。

例えば、65歳で定年退職の予定だとしましょう。55歳で投資を始めて65歳までにお金を増やしていき、定年退職後の年金生活になっても、そのお金を運用していけばいいのです。

そして、その中から必要になったお金を「取り崩していく」のです。**定年退職後も引き続き運用しながら、必要な分だけを取り崩す。**まるでじぶんで新たな年金を作り出すような戦略なので、「じぶん年金戦略」

と呼ばれています。

じぶん年金戦略で1200万円の差が出る!

このじぶん年金戦略は、実際に効果があるのでしょうか。

70ページの図11を見てください。このデータは、1998年から2023年までの25年間のデータで、この期間に資金を取り崩した場合にどうなったのかというシミュレーションを表しています。

3000万円の資金を毎月10万円ずつ、ただ取り崩した場合、25年後には底をついてしまいます。65歳から取り崩していくと、90歳で底をつく計算です。

ところが、**この3000万円を日本株式・日本債券・外国株式・外国債券の4資産に均等分散投資をし続けて、同じように取り崩しながら生活した場合、同じ25年後であっても1200万円程度の資産が残っているという結果になりました。**

90歳になったときに貯金額がゼロになってしまうのと、1200万円も残っている

［図11］

取り崩しシミュレーション
（3000万円を毎月10万円取り崩す場合）

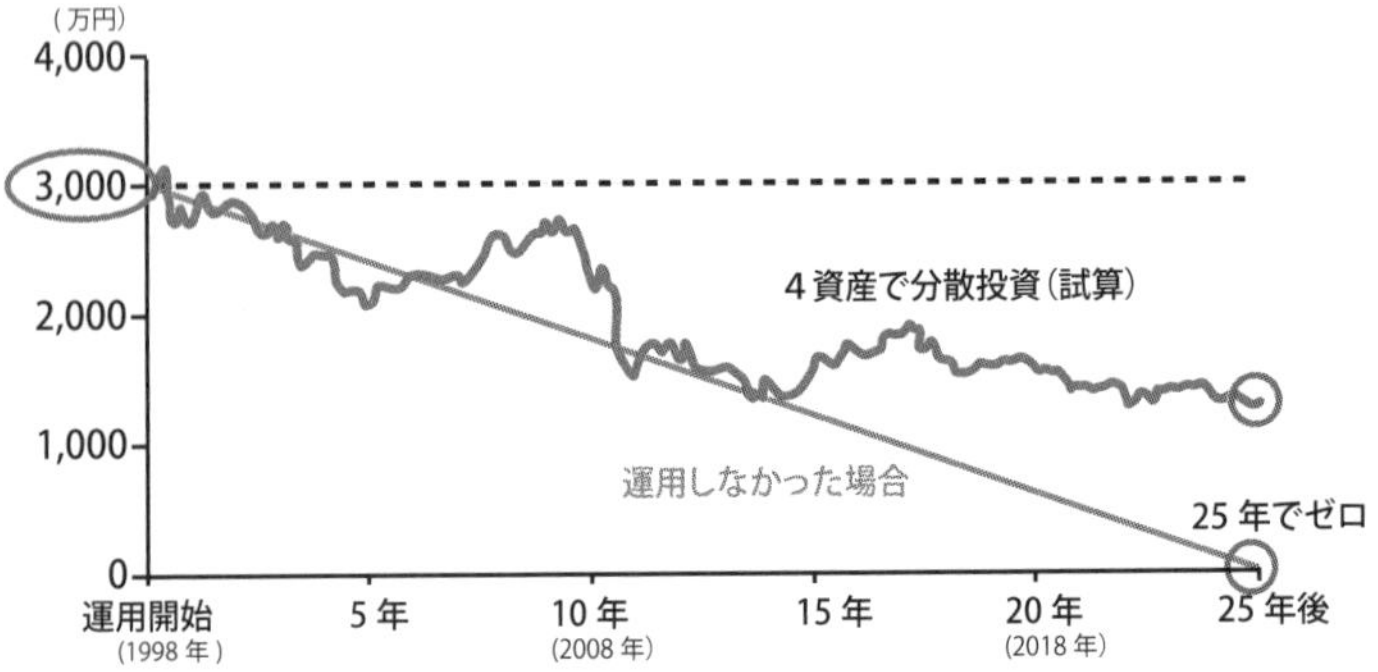

（注）算出期間は1988年4月末から2023年3月まで。国内債券：NOMURA-BPI総合、国内株式：TOPIX（配当込み）、外国債券（為替ヘッジなし）：FTSE世界国債インデックス（除く日本：円ベース）、外国株式（為替ヘッジなし）：MSCI-KOKUSAI（配当込み円ベース）。購入手数料2％、運用管理費用年1％として試算。四試算を均等に投資し、各月末にリバランス（投資比率を当初比率に調整）したとして試算。リバランスにかかるコスト、税金等は考慮していません。本資料のシミュレーション結果は特定の前提条件のもと、簡易な手法にて行われています。当該結果は前提条件の異なるもの、より精緻な手法によるもの等とは異なる結果になることがあります。また当該結果は将来の結果を保証するものではありません。

野村證券投資情報部作成資料より

のとでは、どちらが良いですか？

当然、1200万円残っていたほうが良いですよね。この差は、ものすごく大きいと思います。それまでの生活のレベルも変わってくるでしょう。

まず、精神的にかなり安定した状態で老後を送ることができるはずです。

このように、じぶん年金戦略を採ることで、資産寿命をグンと延ばすことができるようになるのです。

もちろん、この図の例では毎月10万円ずつ取り崩した場合ですから、さらに取り崩**す金額を減らせば、資産寿命はもっと延び**ることになります。

50歳から65歳までの期間にコツコツと積立投資をして、それ以降は年に1回のリバランス以外はＮＩＳＡ口座にほったらかしておくだけで、資産が勝手に増えてくれるのです。

いかがでしょうか？

50歳以上であっても、じぶん年金戦略を採用すれば、まだまだ投資をしてみる価値は十分にあるということが、わかっていただけましたか？

第1章まとめ

■ 50歳以上からの投資開始は遅くない。

■ 投資成功者は初心者でも成功している。

■ 成功の秘訣は長期投資、分散投資、リバランスを組み合わせた手間暇のかからない投資法であること。

■ この投資法はリスクを抑えつつ、平均6％のリターンを目指せる。

■ じぶん年金戦略を採用することで貯金を取り崩していくだけの老後生活を避けることが可能。

■ 本書では「手間暇のかからない投資法」と「じぶん年金戦略」を学び、投資を始めるための第一歩を踏み出すことを奨励。

第2章

新NISAって何がお得なの?

ＮＩＳＡを始める前に必ず知っておきたい「複利」のすごい効果

この章では、２０２４年１月から始まった「新ＮＩＳＡ制度」とはどんなものなのか、そして、**なぜ新ＮＩＳＡを利用して投資を始めたほうがいいのか**について説明していきたいと思います。

第１章で、分散投資を長期的に続けた場合には、平均で１年間に約６％のリターンを得られるというデータをお見せしました。しかし、あなたは年６％のリターンを得られる運用が、あなたの資産をどのように増やしてくれるかについて、イメージできているでしょうか？

年利６％の運用というものを、はっきりとイメージできるようになっていただくために、ここでシミュレーションをしてみましょう。

運用成績のシミュレーションには、複利計算シミュレーションツールというものを使います。これは非常に便利なもので、私のホームページにも掲載しておりますので、ぜひアクセスして開いてみてください。

https://fp-onizuka.com/fukuri/

お金を雪だるま式に増やしてくれる「複利」とは？

まずは、複利計算シミュレーションツールの「複利」とは何かということから説明しましょう。

複利とは「利益を再投資することで利益が利益を生んでくれること」を意味します。

例えば、元本１００万円で投資を始めたとしましょう。

年利６％のリターンが得られる場合、利益は６万円です。

その６万円の利益を翌年も再投資すると、元本は１０６万円になります。翌年も年利6％で運用できたとしたら、利益は、106万円の6％、つまり6万3600円です。

1年目と同じ年利なのに、利益額は大きくなりました。その後も続けていくと、3年目は6万7416円、10年目になると、なんと、**10万1369円の利益**になってくれます。

このように複利というのは、利益が利益を生んで、元手が雪だるま式に増えていくことになります。そして、この複利こそが「長期投資」で資産を増やしていく最大の原動力になります。

複利でどのくらい金額が増えるのか？

さて、シミュレーションに話を戻します。

先ほどの複利計算シミュレーションツールを開いたら、**元本**《がんぽん》を入力しましょう（78ページの図12）。元本というのは元手となるお金のことです。仮に2000万円くらいのお金を持っていて、そのうちの700万円を投資に回せそうな場合は、700万円を元本のところに入力しましょう。**毎月の積立額**というところには、これくらいなら毎月積立投資に使えるなと思う金額を入力してください。

それから、**ボーナス増額（1年分）**というところには、ボーナスが出た場合に追加で投資できる金額を入力します。例えば、夏のボーナスで10万円、冬のボーナスで10万円投資できるなら、1年分の金額20万円と入力しましょう。

そして、**期待リターン**なのですが、過去のデータを見ると、分散投資を長期で続けることで得られる年平均リターンが約6%でしたよね。そこで、今回は、**期待リターン6%**でシミュレーションしてみたいと思いますので6%と入力してください。

運用期間は、投資をするつもりの年数を入力しましょう。

今回は、元本700万円、毎月の積立額5万円、ボーナス増額はなし、期待リターンは6%、運用期間10年と入力して、シミュレーションをしてみます。すると、試算結果は2070万円になりました。

投資した総額はいくらかというと、元本の700万円と月5万円の積立10年分を合

[図12]

将来いくらになるか計算してみよう!

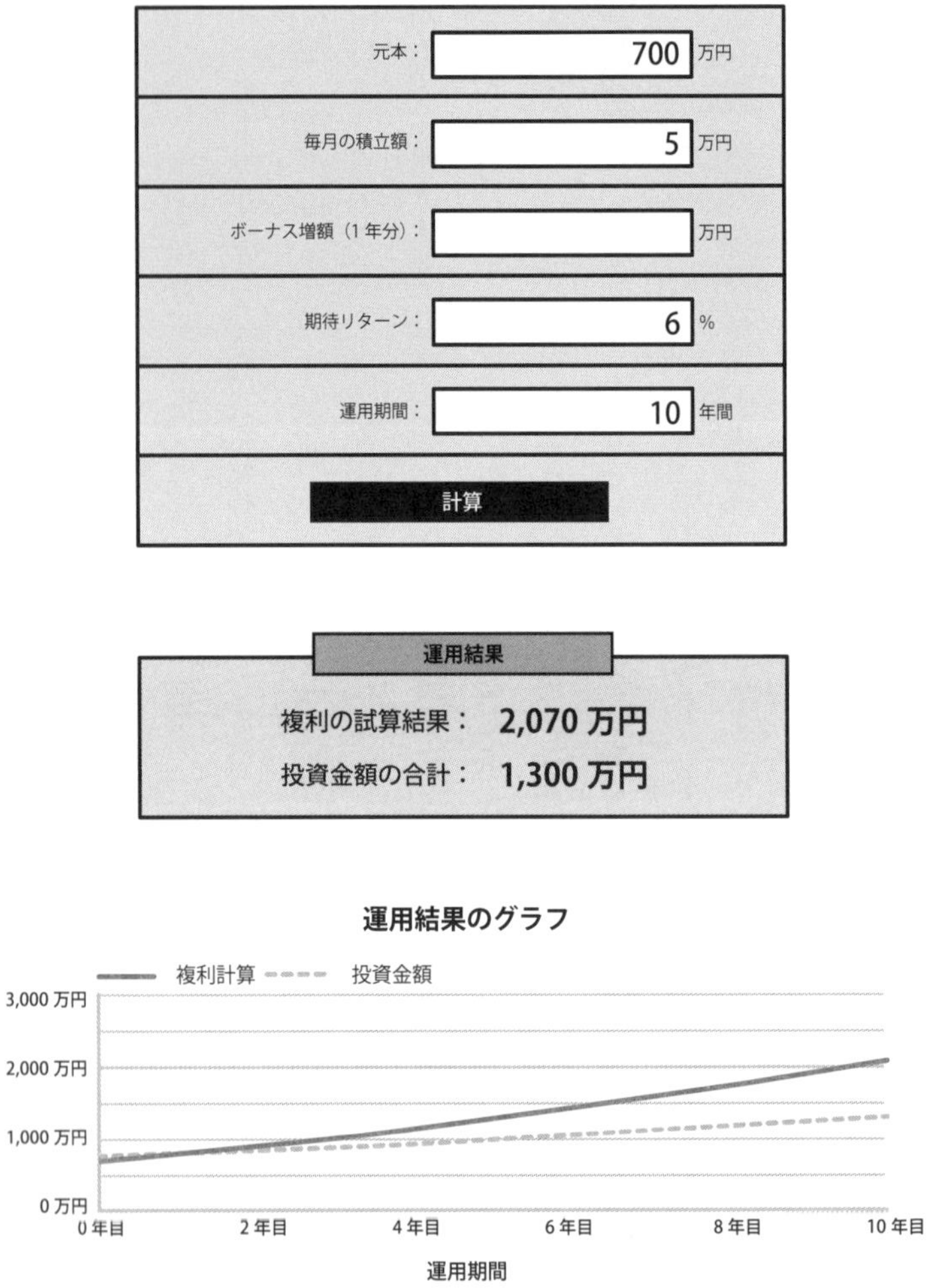

計した1300万円です。

分散投資を10年間、年利6％で複利運用できれば、投資総額1300万円が2070万円に増えてくれる、つまり、**差額770万円の利益が得られる**ということになるわけです。

いかがですか？

6％の複利運用というものが、資産をどれくらい増やしてくれるのかをイメージしていただけたのではないかと思います。

投資の利益には税金がかかる！

さて、複利計算シミュレーションでは、700万円の元本を用意して、年利6%のリターンで10年間にわたって積立投資を続ければ、元本と利益を合わせて2000万円を超える資産形成が可能だということがわかりました。

これは、数年前に話題になった老後に必要になる資金2000万円と同額ですから、多くの方にとって魅力的な数字に見えることでしょう。

しかし、**残念ながらこの2070万円は、そのままあなたが受け取れる金額ではありません。なぜなら、投資の利益には税金がかかってくるからです。**

投資をして得た利益に対してかかる税率は、何%かご存じでしょうか？

答えは・・・・・・・およそ**20%**。

［図13］

厳密にいうと「20%＋復興税」

復興特別所得税を付加した税率（2013年1月1日以降）

	変更前	変更後	
	2012年12/31まで	2013年1/1~ 2013年12/31	2014年1/1~ 2037年12/31
円預金／外貨預金の利息 **公共債**の利子 **公社債投資信託**の解約益及び分配金	**20%** 国税 …… 15% 地方税 …… 5%	**20.315%** 国税 …… 15.315% 地方税 …… 5%	
公社債投資信託の譲渡益及び分配金	**10%** 国税 …… 7% 地方税 …… 3%	**10.147%** 国税 …… 7.147% 地方税 …… 3%	**20.315%** 国税 …… 15.315% 地方税 …… 5%

ここに復興税というものが加算されるので、正確には20・315%です。

ただ、小数点以下があるとわかりにくいので、便宜上わかりやすくするために、本書では投資の利益にかかる税金は20%としてお話しさせていただきます。

そのようなわけで、**あなたは投資総額1300万円を2070万円に増やすことができたとしても、それを丸々受け取ることはできません。利益から20%の税金が引か**れてしまいます。利益は770万円でしたので、そこから20%が税金として差し引かれることになります。

770万円の20％は154万円です。2070万円から税金154万円を引くと、手取りは1916万円にまで減ってしまいます。それでも、1300万円投資して、1916万円受け取れるのですから、それはそれですごいことですが……**やはり154万円の税金というのは大きいと思いませんか？**

NISAなら税金154万円は取られない！

154万円あれば、いろんなことに使えますよね。

例えば、テレビもエアコンも買い換えられますし、海外旅行にだって行けます。

ということは、あなたが、これから効率良くお金を増やしたい場合、当然、税金が引かれないほうが効率良く増えてくれますよね。税金が引かれなければその分だけ、あなたの手取りが増えるわけですから、あなたの人生がより豊かになるとも言えます。

また、投資の利益から差し引かれるのは、税金だけではありません。

あなたがこれから投資をするうえでは、どうしても銀行や証券会社などに口座を作って、それらを通して取引をすることになります。そのため、あなたは銀行や証券会社などに売買手数料を支払わなければならないのです。

税金に加えて、売買手数料まで引かれてしまうとなると、なおのこと**「利益から税金を引かれたくない！」**と思いますよね。

だからこそＮＩＳＡがおすすめなのです。

なぜなら、ＮＩＳＡは非課税だからです。

ＮＩＳＡで投資を行った場合、利益がいくら出たとしても、税金はゼロです。

１円も税金が引かれません。

いくらでも投資できると嬉《うれ》しいのですが、投資できる金額には上限があります。ところが、２０２４年から始まった新ＮＩＳＡはこれまでのＮＩＳＡに比べ、上限額が大幅にアップしました。かなり条件が良くなったのです。

これを利用しない手はありません。

NISAは商品ではなく「口座」

NISAという制度を利用して投資をすると、利益がいくら出たとしても非課税になります。

税金が1円も引かれないわけですから、非常に魅力的です。

この**「非課税で投資ができる」ということが、NISAのメリットです。**言い換えると、非課税であること以外のメリットはありません。にもかかわらず、なぜ、話題になっているかというと、それだけ非課税であるということがお金を増やすうえで、ものすごく有利だからです。

これから投資をする上では、NISAのことを知っておかなければ、絶対に損をしてしまうと断言してもいいくらいの制度なのですが、あなたはNISAについてどれくらい知っていますか？

初心者の方に多いのですが、ＮＩＳＡという「投資商品」があると勘違いしている人がいます。ＮＩＳＡはあくまで非課税になる制度であって、投資商品ではありません。

もう少しわかりやすく言うと、**ＮＩＳＡは「その口座で儲《もう》けた利益が非課税になる口座」**です。**投資する商品を入れておく器のようなもの**とイメージしていただくとわかりやすいかもしれません。

投資した商品をＮＩＳＡという器に入れておけば、いくら利益が出ても税金は０円です。一方、投資した商品を、普通の器（口座）に入れておくと、儲けた分には税金が20％かかります。普通の口座というのは、証券会社や銀行で投資をするための普通の口座のことだと思ってください。

例えば、証券会社の普通の口座で、投資商品を購入してそこに入れておいたとします。しばらくしたら利益が上がったので、それを現金化するために、売却した場合、利益に対して必ず20％の税金がかかります。

［図14］
NISAで投資すると非課税

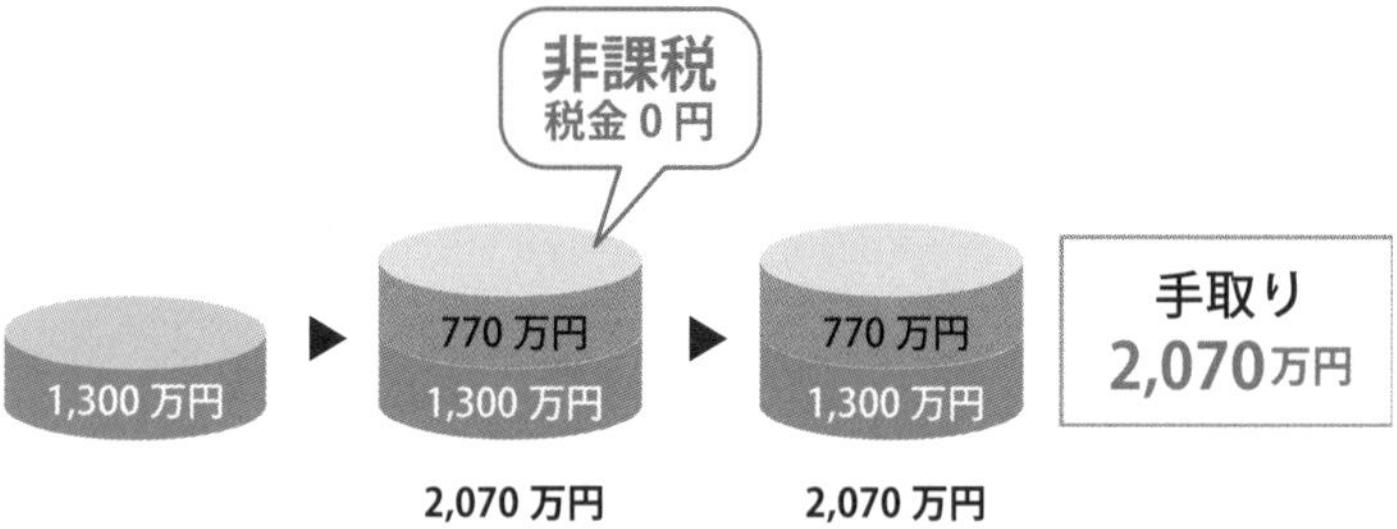

しかし、同じ商品をNISA口座で買っていた場合、現金化しても税金は全くかかりません（図14）。

普通の口座とNISA口座。

どちらの口座で投資をするのかで、あなたの手取りに大きな差が生まれるということなのです。

じぶん年金戦略とNISAは相性が抜群

NISA口座を作って、その口座で投資をした場合、そこから上がった利益は「非課税」になるということが、NISAのメリットです。

前章で説明した「じぶん年金戦略」のことを思い出してください。

じぶん年金戦略とNISAは、とても相性が良い組み合わせです。

じぶん年金戦略とは、定年退職まであまり年数がない人であっても、老後も投資を続けながら同時にそこから必要な分だけ受け取っていくことで資産の寿命を延ばすことができる、「投資と年金を組み合わせた」戦略のことでしたね。

このじぶん年金戦略を普通の口座でやったらどうなるかを考えてみましょう。

元本700万円にプラスして月5万円の積み立てを10年間行うと投資総額1300

[図１５]

NISA口座なら利益をまるまるもらえる

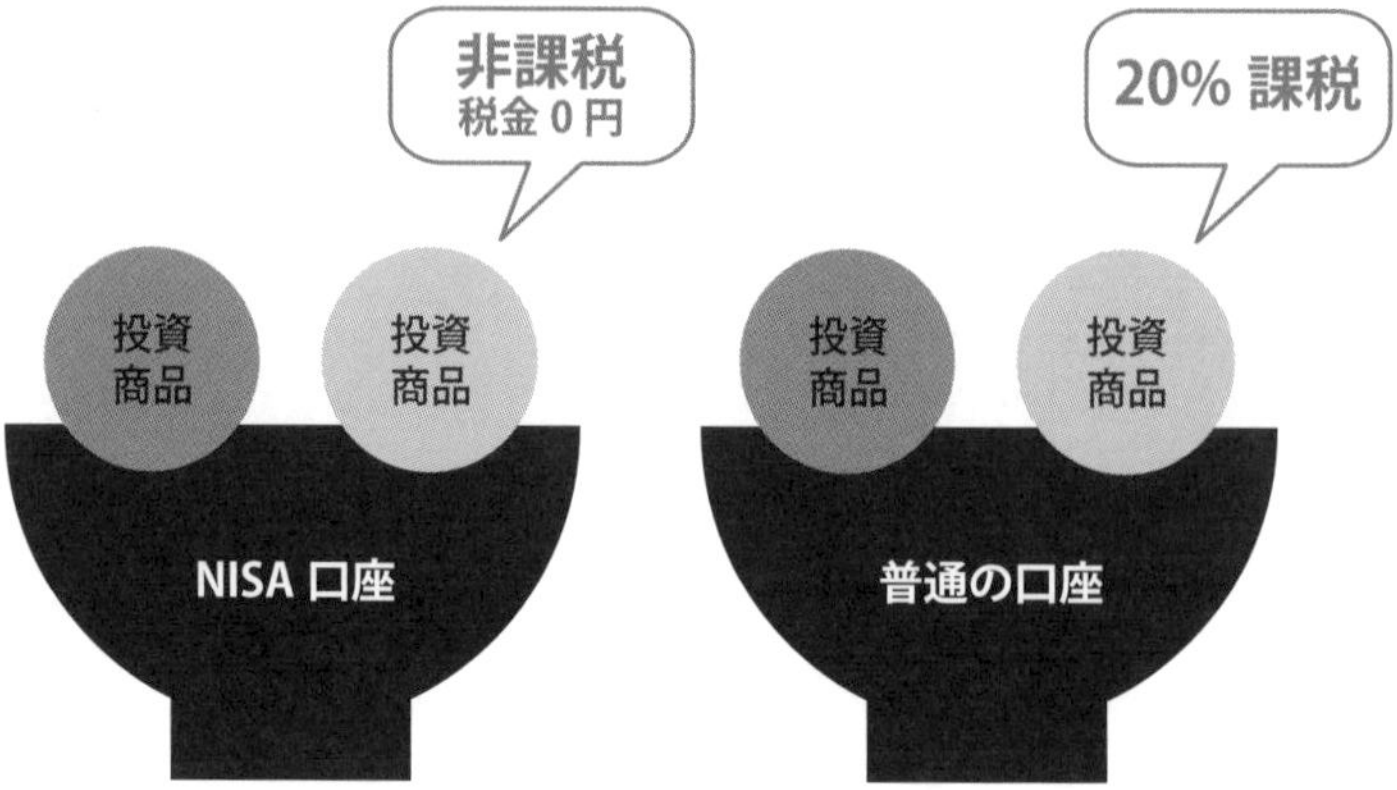

万円、これを６%複利運用できると２０７０万円に増えてくれるという試算結果を先ほど見ていただきました。

増えただけなら、課税はされません。しかし、その２０７０万円の中から、たとえば毎月10万円ずつ受け取っていく場合、利益分に対して課税されることになります。

10万円のうち、利益分を計算すると３万７１９８円になります。税率は20%ですから、３万７１９８円の20%、つまり、７４３９円が税金として差し引かれることになるので、手取りは９万２５６１円に減ってしまいます。

このように、普通の口座でじぶん年金戦

略をしようとすると、毎月の受け取りの際に7000円が引かれていってしまいます。

ところが、NISAでは投資の上限額が決まっているとはいえ、投資で得た利益は非課税になるのです。

つまり、資産が2070万円まで増え、毎月10万円ずつ年金のように受け取りたいと思ったときに、非課税なので10万円を丸々受け取ることができるというわけです。

いかがですか？

じぶん年金戦略とNISAが非常に相性の良い組み合わせだということが、よくおわかりになったのではないでしょうか？

NISAをめぐる「国民健康保険料」「配偶者控除」の心配に答える！

さて、じぶん年金戦略で月10万円ずつ受け取っていくという話を聞くと、このような疑問を持つ方もいらっしゃいます。

「NISAで月10万円を受け取ることができたとしても、その分、国民健康保険料が上がるんじゃないでしょうか？」

こういう心配をされている方が意外と多いようです。

なぜなら、国民健康保険料は、私たちの所得に応じて決まっているからです。

ということは、月10万円ずつ受け取っていったら、その分の所得が増えますから、国民健康保険料が上がるのではないか……というわけです。

NISAのおかげで投資の利益が非課税になっても、その分だけ国民健康保険料が上がってしまっては元も子もありません。

国民健康保険料は上がらないのか？

しかし、**この点は、全く心配ご無用です。なぜなら、投資の利益が出たとしても、国民健康保険料は1円も上がらないからです。**

NISAは投資の利益を非課税にしてくれる制度です。

非課税である以上、国民健康保険料を算出する元になる所得に、その投資の利益は含まれません。

というわけで、**NISAの恩恵を受けても国民健康保険料が上がることはありませんので、ご安心ください。**

配偶者控除はどうなるのか？

もう1つ、よくご質問いただくのが、**「夫の扶養に入っている主婦が、投資の利益を月10万円受け取ってしまうと、扶養から外れてしまわないか？」**というもの。

ご主人が会社員や公務員である場合、年末調整のときに配偶者控除というものを利用されている方が多いと思います。この場合、NISAで利益が出て、これが所得として計上されてしまうと、配偶者控除を減らされてしまうのではないか……という心配ですね。

これも、心配ご無用です。

NISAは非課税ですから、月10万円を受け取り続けたとしても、配偶者控除を計算するときの所得には含まれません。なので、**配偶者控除の控除額を減らされたり、使えなくなったりということはありません。**

旧NISAと新NISAは何が違うの？

さて、これまで「新NISA」の他に、「これまでのNISA（旧NISA）」という言葉が出てきたので、混乱している方もいらっしゃるかもしれません。

いったんここで旧NISAと新NISAの違いについて、念のため説明しておきたいと思います。

NISAという制度は、もともと2014年にスタートしました。

NISAとは、Nippon Individual Savings Account の略でイギリスにあるISA（個人貯蓄口座）を元に作られた、日本版ISAのこと。

個人貯蓄口座とは、**個人の資産形成を促進するための税制優遇制度**を指します。

つまり、国民が資産を着実に形成できるようにするために、投資の利益を非課税にする「口座」ということです。

最初に始まったＮＩＳＡは、一般ＮＩＳＡと呼ばれています。そして、２０１６年には未成年向けのジュニアＮＩＳＡがスタート、２０１８年にはつみたてＮＩＳＡという制度がスタートすることになりました。

つまり、旧ＮＩＳＡは一般ＮＩＳＡ、ジュニアＮＩＳＡ、つみたてＮＩＳＡの総称ということになります。

新旧ＮＩＳＡでは「投資できる上限額」が違う

では、旧ＮＩＳＡと新ＮＩＳＡとでは、何が違うのか？

まず、１つ目の大きな違いは、**「投資できる上限額」**です。

ＮＩＳＡは投資の利益が非課税になる制度ですが、上限なしに非課税にしてしまっては、政府も税収が減りすぎて困ってしまいます。そこで、投資できる上限額が決まっているわけです。

旧NISAにおける一般NISAの上限額は、600万円でした。年間の投資上限額が120万円で、トータル600万円までの投資が可能でした。

また、つみたてNISAの上限額はトータルで800万円でした。こちらは、「年間上限が40万円。20年間で合計800万円まで積み立てられますよ」という制度でした。

ジュニアNISAの上限額はトータルで400万円。年間上限は80万円でした。

これら3つのNISAをすべて利用すると、年間240万円まで投資できて、トータルで1800万円まで使うことができる……と思うかもしれませんが、実はそうではありません。

一般NISAとつみたてNISAは「選択制」で、併用できませんでした。どちらか一方を選んだら、もう一方を使うことはできなかったのです。また、ジュニアNISAは未成年のための制度です。一般NISAとつみたてNISAは成人しか利用できません。そのため、3つの枠を同じ人がすべて使うことはできません。

要するに、トータル1800万円も非課税で投資できるわけではなかったのです。

［図16］
新NISAは旧NISAと何が違うのか？

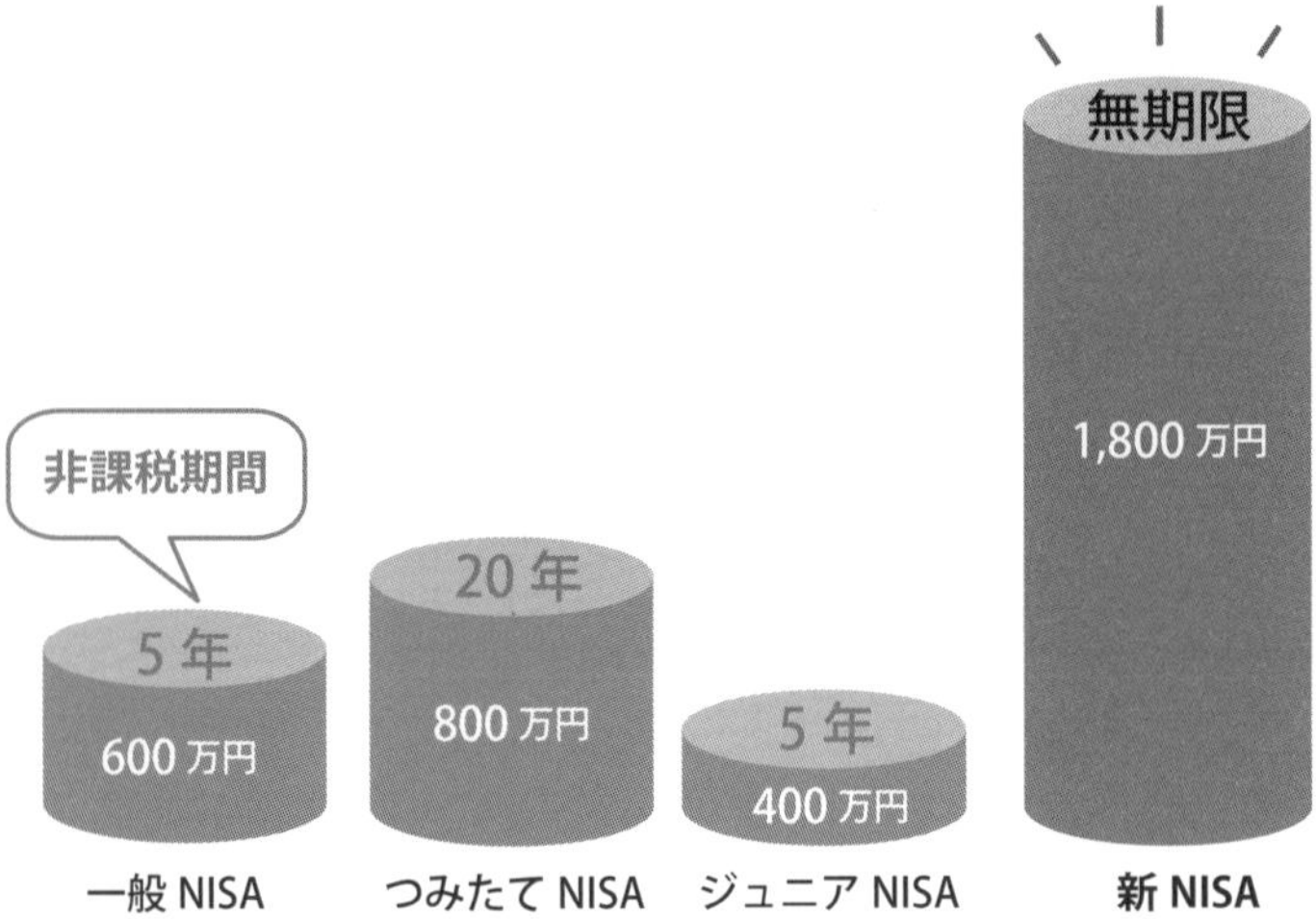

これが旧ＮＩＳＡの上限額です。

では、２０２４年からスタートした新ＮＩＳＡの上限額はどうなっているのか？

新ＮＩＳＡには**つみたて投資枠**と**成長投資枠**の２つの枠が用意され、**つみたて投資枠は年間１２０万円まで、成長投資枠は年間２４０万円までの投資が可能です。**しかも、つみたて投資枠と成長投資枠は**「併用可能」**となりますので、年間３６０万円も投資することができます。トータルの上限額は１８００万円になっています。

非課税期間が無期限に

2つ目の違いは、**「非課税期間」**です。

非課税期間とは、投資の利益が非課税になる期間のことです。

例えば、非課税期間が5年なら、その5年間の間は投資で出た利益を確定させて現金化しても、その利益は非課税になります。6年目以降、普通の口座に移管された場合、移管された後に発生した利益に関しては課税されてしまうということです。

旧NISAの非課税期間は、一般NISAが5年間、つみたてNISAが20年間、ジュニアNISAは5年間（6年目以降も18歳になるまで継続管理勘定で非課税のまま保有できる）と定められていました。

つまり、期間限定だったのです。

ところが、新NISAでは、非課税期間がなんと無期限になったのです。

ずっと税金0円ということです。

このように、旧NISAと新NISAでは「非課税期間」と「投資できる上限額」の2つが大きな違いで、新NISAは使い勝手も条件も比べものにならないくらい良くなります。ぜひ活用していただきたい制度です。

ＮＩＳＡの注意点①

1人1口座の原則

私たちにとって、とてもお得なＮＩＳＡですが、実はいくつかの注意点があります。まず、１つ目の注意点は、**「1人1口座」**ということです。

どういうことかというと、まず、ＮＩＳＡではない普通の口座の話をするのがわかりやすいと思いますので、そちらから説明しましょう。

投資を行うための普通の口座には、**特定口座**と**一般口座**があります。ちなみに、一般口座よりも特定口座のほうが管理がカンタンだし便利です。私も普通の口座としては、特定口座を利用しています。

これらの普通の口座は、証券会社や銀行で開設して使うことができます。

例えば、ＳＢＩ証券、楽天証券、マネックス証券などのネット証券でもいいですし、

［図17］
1人1口座

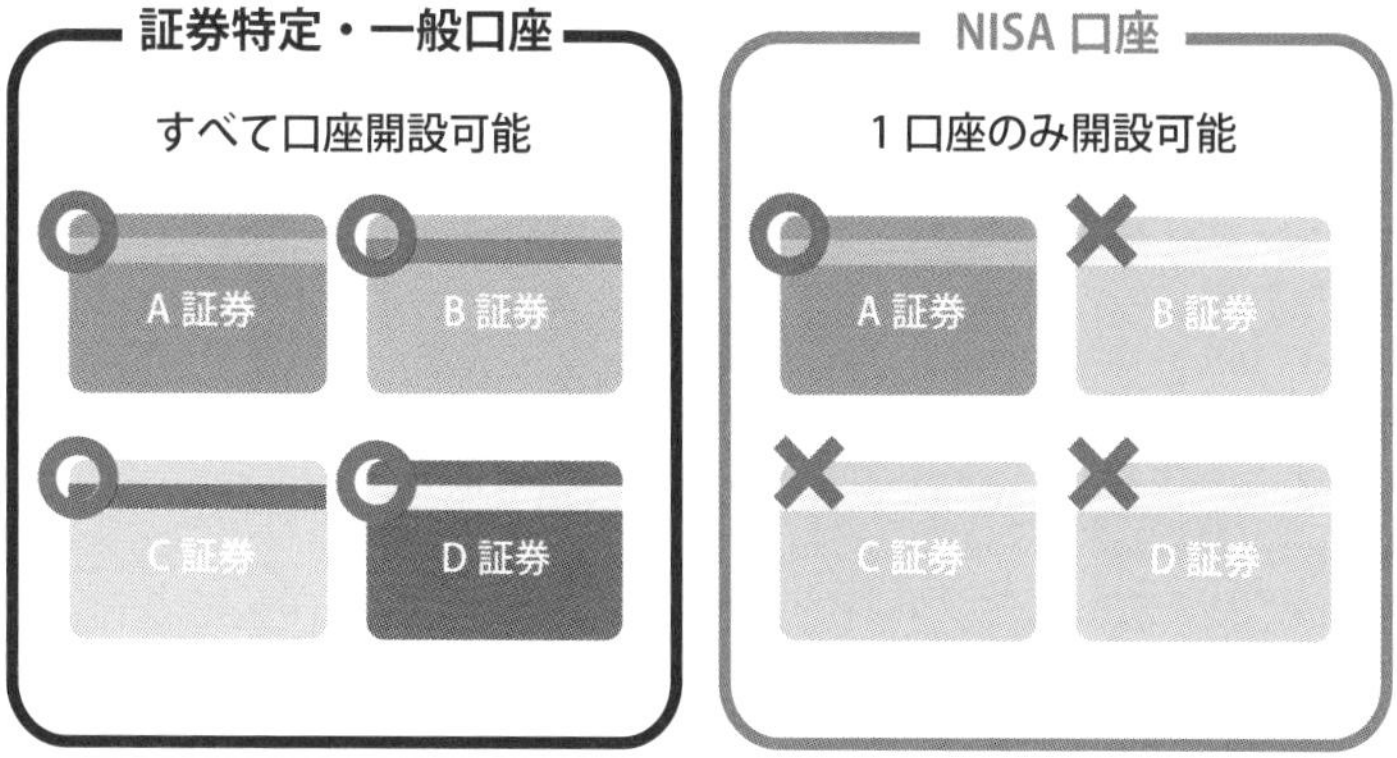

野村證券や三菱UFJ銀行などの実店舗型の金融機関でも同様です。

また、郵便局でも投資をする口座を開設することは可能です。

普通の口座で投資をする場合、複数の金融機関で口座を開設することができます。証券会社や銀行、郵便局などの、いろんな金融機関で口座を開設することが可能です。楽天証券でもマネックス証券でも郵便局でも野村證券でも、そのすべてで開設可能です。

ところが、NISAは、1人につき1口座しか開設できません。

どこか1カ所にNISA口座を開設した

ら、他の金融機関ではＮＩＳＡ口座を開設することができません。

金融機関を変更することはできるが……

ただし、１人１口座であっても、**金融機関の変更は可能です。**

金融機関を変更するためには、いくつかのルールを守る必要がありますが、その中でも特に重要なのが**「変更は年単位でしかできない」**ということです。

決まった期間に変更の届け出を出すことで、年単位で金融機関を変えることができます。

例えば、今年はＳＢＩ証券でＮＩＳＡを利用していたけど、「ＳＢＩ証券にはない銘柄が買いたくなったので、楽天証券でＮＩＳＡをやりたいです！」という場合は、変更手続きを行うことで、翌年から楽天証券でＮＩＳＡを利用することが可能です。

このように「年単位」で金融機関の変更ができます。

つまり、**ＮＩＳＡを利用する金融機関を変えたいと思ったとしても、いつでも、す**

ぐに変えられるかというと、そうではないということです。毎年コロコロと金融機関を変えるということも可能ですが、そんな面倒なことをするような人はそうそういないと思います。いったんＮＩＳＡ口座をどこかの金融機関で開設したら、変更するには手続きが必要で、変更は年単位になるということは覚えておいてください。

そういったルールがある以上、最初のＮＩＳＡ口座を開設するときには、ある程度、じぶんがどういった金融商品を買って、どういう投資を続けていくつもりなのかを明確にしたうえで、金融機関を選んでおいたほうがいいでしょう。

何も考えずに金融機関を選んでしまうと、後になって変更したいと思ったときに、手続きに時間と手間暇がかかってしまうからです。

NISAの注意点②

損益通算ができない

その他、NISAの注意点としては、**「損益通算ができないこと」**が挙げられます。

まず、損益通算というのは何なのか、どういうメリットがあるかを普通の口座の場合で説明します。

ある銘柄を売却して100万円の利益が出たとしましょう。

すると20万円の税金が引かれますよね。

その後、別の銘柄を売却して100万円の損失が出たとしましょう。このときに損益通算をすると、最初の100万円の利益と、その後の100万円の損失を通算してくれるのです。

利益100万円－損失100万円＝±0円

このような計算になるので、利益は0円と計算してくれます。つまり、利益が0円なので、20万円の税金も払わなくて済むわけです。

これが損益通算のメリットになります。

しかし、残念ながら、NISAは損益通算ができません。

例えば、普通の口座で100万円の利益が出て、NISAでは100万円の損失が出たとしましょう。この場合、損益通算ができれば、税金は0円になるのですが、NISAではできません。そのため、20万円の税金が引かれてしまいます。

これがNISAのもう1つの注意点です。

ただし、普通の口座を使わずに、NISAだけを利用する場合は、そもそも非課税なので、損益通算ができないことは、特に気にしなくて良いのではないかと思います。

第2章まとめ

■ 新NISAのメリットは投資利益が無期限で非課税であること。

■ 日本の投資利益税率は約20％で、普通の口座では利益に税金がかかる。

■ NISAでは利益に税金がかからないため、「じぶん年金戦略」を実行すると受取金額全額を得られる。

■ 「じぶん年金戦略」をNISAで行っても、国民健康保険料の上昇や配偶者控除の減少などのデメリットはない。

■ 投資できる上限額の大幅拡大と非課税期間の無期限化は、旧NISAと比較して大きなメリット。

■ 1人1口座の制限と年単位での金融機関変更の制約があるが、投資を始める人にとっては非常に有利な制度。

第3章

なぜ、「50代以降は投資なんてやめておけ！」と言われるのか？

50代以降は投資をしてはいけないと言われる根本理由

第1章で紹介した、有名な投資系ユーチューバーの**「50代以降の人は、投資なんてしないで節約して質素に暮らすべき」**という言葉を覚えているでしょうか。

その言葉を聞いた女性が、「もう、すでに私は節約しているし、これ以上何を節約すればいいのですか？　50代以降は人生を楽しむことを諦《あきら》めないといけないんですか？」と、絶望したように嘆いていたというお話もしましたよね。

50代以降は投資をするべきではないという考え方は、実は、そのユーチューバーだけではなく、多くの投資系インフルエンサーが発信しています。

それでは、なぜ50代以降は投資をしてはいけない、するべきではないと彼らは主張しているのでしょうか。

その理由は、**彼らが推奨している金融商品の特徴**にあります。

「エスピー500」と「オルカン」の功罪

50代以降は投資をするべきでないという意見を持っている人がすすめている銘柄は、たいていS&P500か**オールカントリー**という2つの投資信託です。確かに、**50代以降の人がこれらだけを買って資産形成をするのは、あまりおすすめできません。**

S&P500とは、米国株式で運用する投資信託の1つです。略して**エスピー500**とも呼ばれることがあります。

一方、オールカントリーは、全世界の株式で運用する投資信託の1つで、**オルカン**と略されることがあります。どちらも長期的に見ると高いリターンが期待できる投資信託だと言われています。

どれだけ高いリターンが得られるのかというと、次の図18をご覧ください。上がS&P500、下がオールカントリーになります。

［図18］
S&P500とオルカンの過去30年間のリターン

S&P500

データ日：2023年9月末時点
リターン：配当込み
通貨：円ベース（当サイトにて独自に円換算）

	累積			年平均						
	年初来	3カ月	6カ月	1年	3年	5年	10年	15年	20年	30年
リターン（%）	+25.6	+1.3	+16.2	+22.6	+22.6	+15.6	+16.5	+13.7	+11.2	+11
リスク（%）	14.4	8.3	10.4	15.7	16.9	19.4	17.3	19.1	18	18.4
シャープレシオ	1.8	0.2	1.6	1.4	1.3	0.8	1	0.7	0.6	0.6
100円投資	126	101	116	123	184	206	459	684	839	2299

オールカントリー

データ日：2023年9月末時点
リターン：配当込み
通貨：円ベース（当サイトにて独自に円換算）

	累積			年平均						
	年初来	3カ月	6カ月	1年	3年	5年	10年	15年	20年	30年
リターン（%）	+24.2	+2.8	+14.5	+24.4	+20.2	+12.9	+12.7	+10.6	+9.8	+8.7
リスク（%）	15.3	8.8	9.6	13.8	15.9	18.4	16.3	19.2	18.3	18
シャープレシオ	1.6	0.3	1.5	1.8	1.3	0.7	0.8	0.6	0.5	0.5
100円投資	124	103	114	124	174	183	330	454	653	1230

http://myindex.jp より著者作成

過去30年間のリターンを見てましょう。

表の一番右側、30年の年平均のリターンのところをご覧ください。プラス11％と書いてありますよね。これは、どういう意味かというと、**S&P500の過去30年間の年平均リターンが11％だった**ということです。

第1章で年利6％で資産が増えていったらどうなるかというシミュレーションをお見せしました。

6％でもかなりの増え方をしていたのに、年利11％というのはすさまじい数字だと思いませんか？　オールカントリーのほうを見ると、**30年間で年平均8・7％**と書いてあります。これもかなりすごい数字です。

この2つの商品のリターンがどれだけ高いかを、もっと具体的に理解していただくために、銀行の定期預金の金利と比較してみましょう。

銀行の定期預金の金利がどれくらいかご存じですか？

ものすごく低いというのは、なんとなくわかりますよね。

現在、多くの銀行の金利はなんと年0・002％しかありません。1年間お金を預けてもそれだけしか増えないのです。**それに対して、S&P500は11%、オールカントリーは8・7%ですから、前者は銀行の金利の5500倍、後者は4350倍ものリターンが得られるということになるのです。**

いかがでしょうか？

この2つの商品のリターンがいかに高いか、ご理解いただけたかと思います。

年平均11%という高利率の裏側に潜む罠

ここまで読むと「今すぐその2つを買いたい！」「50代以降でも買ったっていいじゃないか！」と思うかもしれません。

ですが、ちょっと待ってください。

投資信託と銀行の定期預金には、大きな違いがあります。

それは、**投資信託には元本保証がない**ということです。

つまり、**投資したお金が減ってしまうリスク**があるということです。増えるときは増えるけれども、相場が暴落したりなどした場合は、元本割れを起こしてしまう可能性があるのです。

60％の下落を取り戻すために必要なリターンは？

S&P500やオールカントリーには、どれだけのリスクがあるかご存じでしょうか？　例えば、2008年にリーマンショックという金融危機がありました。

100年に一度の金融危機と呼ばれるほど大きな危機でした。

その当時、リーマンショックで、S&P500とオールカントリーがどれだけ下落したかというと……なんと約60％も下落してしまったのです。

仮に、S&P500に1000万円投資していたとしたら、60％も価格が下落してしまったので損失は600万円です。つまり、あなたの資産は400万円に減ってしまうということです。

ではこの60％の損失を取り戻すには、どれくらいのリターンが必要だと思いますか？

「60％の損失を取り戻すんだから、60％のリターンが必要なんじゃないの？」

このように思ったかもしれません。でも、それは大間違いです。

実は、60％の下落を取り戻すには、60％のリターンでは足りません。

最初に1000万円だったものが60％下落して400万円になってしまったわけですから、400万円に対して60％のリターンがあったとしても、利益は240万円にしかなりません。

400万円に240万円の利益を足しても640万円にしかなりませんよね。全然、元の1000万円には届きません。100％のリターンがあっても400万円と利益の400万円を合わせて800万円ですから、まだ足りません。

では、400万円を1000万円に戻すために必要なリターンは何％なのか？

それは、**なんと150％ものリターンが必要になります。**

150％で600万円の利益ですから、400万円と600万円を合わせて1000万円です。これで、ようやく元に戻ります。

つまり、**60%の価格の下落を元に戻すには、150%のリターン、言い換えると2・5倍に増やさないといけないということです。**これが理解できると、リーマンショックの60%の下落というのが、いかに大きなリスクだったのかということがお分かりになると思います。

S&P500やオールカントリーのような商品には、こうした大きなリスクが潜んでいるのです。

「年平均11%」の真相とは？

年平均11%というリターンは、「毎年必ず11%増え続ける」という意味ではありません。その途中経過では、こういったリーマンショックのような大暴落もあったわけです。そして、良いときと悪いときを繰り返して、30年間という長い目で見たら平均11%のリターンだったということなのです。

「資産が年11%ずつ増えた」という意味ではないことに注意してください。

というわけで、投資には、どうしてもリーマンショックのような大暴落に遭遇するリスクが存在しています。いったん遭遇したら、その損失を取り戻すのに長い年月がかかることになります。

例えば、１９５０年から２０１７年のＳ＆Ｐ５００のデータを見ると、10年間保有していても元本割れしているケースもありました。このような背景があって「50代以上の人が投資をするのは危険。節約して質素に暮らすほうがいい」というのがユーチューバーやインフルエンサーたちの発言の真意なのです。

「じぶん年金戦略」なら50代からでも遅くない

さて、それではやはり50代以上は投資などしないほうがいいのでしょうか？

それは、違います。

確かに、S&P500やオールカントリーのような高いリターンが期待できる反面、リスクも大きい投資信託で運用をしていく場合、金融危機などの大暴落というリスクを考えると、腰が引けてしまうかもしれません。

なぜなら、大暴落で価格が大きく下落してしまうと、回復するのに10年超の年月が必要になるケースもあるからです。

しかし、じぶん年金戦略なら、50代以上であっても十分やってみる価値はあります。

じぶん年金戦略は、50代以上から始めて、老後も運用を続けて増やしていきながら、必要な分だけを取り崩していくという手法でしたね。

ということは、**人生100年時代と呼ばれている昨今では、50歳から投資を始めて90歳まで生きた場合、40年間も資産運用が可能になるのです。59歳で始めても31年間も運用ができます。もっと長生きするなら、さらに長い期間運用が可能です。**

このように考えると、仮に暴落したとしても資産価値の回復を待つことができる時間は多くあると考えることができます。

「とは言っても、60%もの暴落なんて、怖すぎて、耐えられそうにありません!」

こう感じる方もいるかもしれません。

そのお気持ちはわかります。60%の大暴落なんて、金融の仕事に携わって20年以上の私でも、耐えられる自信がありません。

金融のプロは、初心者の方と比べるとリスク許容度はかなり高いはずです。リスク許容度とは、どのくらいの損失に耐えられるかという度合いのこと。当然、投資経験がない方に比べれば、私のリスク許容度はそれなりに高いほうだと思います。

そんな私でも、60％の下落に耐えられる自信はありません。1日中、損失のことばかり考えて、仕事が手につかず、夜も眠れなくなってしまう姿が容易に想像できます。

それでは、暴落が怖いと感じている50歳以上の人はどんな投資をしたら良いのか？

すでに答えは第1章で説明しています。

そう、**分散投資**です。

どれか1つに集中投資をするのではなく、複数の商品に分散して投資をするのです。

第1章で紹介した6名の成功者も、全員が分散投資をしていました。

分散投資をしておけば、大暴落のリスクを軽減することができるからです。

分散投資でリスクを抑えた着実な運用を行い、さらに、ＮＩＳＡも活用することで、より効率の良い資産形成を行うことが可能です。

第３章まとめ

■「50代以降は投資はやめておいたほうがいい」という主張がある理由は、S&P500やオールカントリーなどの投資信託は高いリターンが期待できる反面、大暴落のリスクを伴い、回復に長い時間がかかることがあるため。

■過去30年間のリターンは年平均8・7〜11%と高いが、これは毎年均等に資産が増えることを意味しない。S&P500やオールカントリーの

■実際に30年間でリーマンショックのような大暴落を経験し、資産価値が60%減少することもあり、回復には150%のリターンが必要で10年以上かかることも。

■しかし、分散投資とじぶん年金戦略による長期運用を行えば、50代以上でも投資をする価値はある。なぜなら、リスクを分散し、大暴落時の損失を抑え、資産回復を早めることができるから。

第4章

着実に資産が増えていくNISA活用術

なぜ、S&P500やオルカンはリスクが高いのか?

本章では、派手さはないけど着実に資産が増えていく「NISA活用術」と銘打って、具体的にNISAをどのように活用していけばいいいか、その基本となる考え方について説明していきたいと思います。

まずは、前章までのおさらいをしましょう。

NISAのメリットは、一定の投資額までは非課税で運用できることでした。100万円だろうが1000万円だろうが、利益がいくら出ても、そこから税金が引かれることはありません。極端な話、1億円の利益を上げたとしても、税金は1円も引かれません。

そのうえ、配偶者控除が減らされたり、国民健康保険料が上がったりといった心配もありません。

さらに、非課税になる期間は無期限ですので、あなたがこれから１００歳まで投資を続けたとしても、あるいは１２０歳まで続けたとしても、ずっと税金はかかりません。本当に、ものすごくお得な制度なので、２０２４年から始まった新ＮＩＳＡを利用しない手はありません。

とはいえ、ＮＩＳＡがいくら良い制度であったとしても、ＮＩＳＡ口座の中で行われるのはあくまでも「投資」ですから、リスクは常に存在しています。非課税だからと言って、投資のリスクがなくなることも減ることもないのです。

前章では、Ｓ＆Ｐ５００とオールカントリーはどちらもリーマンショックのときには60%も価格が下落してしまったというお話をしました。

もし、あなたが定年退職後に年金暮らしをして、今よりも収入が減って貯蓄を取り崩しながら生活をしているという状況の中で、そういった大暴落が起きて大きな損失を受けたら、耐えられるでしょうか。

もちろん、リスク許容度には個人差がありますので、投資経験が長く、いろいろな修羅場をくぐり抜けてきたような投資の猛者《もさ》ならば耐えられるかもしれません。

しかし、50代になるまで投資をしたことがなかったような初心者の方が、そのような暴落に耐えられるとは思えません。怖くて怖くて夜も眠れない、食事も喉を通らない、イライラして家族に厳しくあたってしまう、そんな老後を過ごすことになってしまうかもしれません。

そもそも、なぜ、S&P500やオールカントリーはリスクが大きいのかというと、前章では「分散投資をしていないから」だと説明しました。

しかし、この説明では不十分なので、もう少し詳しく説明します。

世界大恐慌で株価はどれほど下落したか？

この2つの金融商品は、投資信託の一種です。投資信託というのは、そもそもが「分散投資」をしている商品なのです。金融のプロがいろんな銘柄を組み合わせるように買って運用しています。

「だったら、S&P500やオールカントリーでも分散投資していることになりませんか？」という声が聞こえてきそうですが、**問題はこの2つの商品の投資対象の資産クラスが「株式」に限定されていること**です。

これまで、投資対象は、大きく分けて株式、債券、為替商品、不動産、コモディティの5つがあるというお話をしましたが、S&P500とオールカントリーは国と地域こそ違えども株式だけで構成されている投資信託なのです。

ですから、株式という資産クラスの中ではある程度分散されているけれども、投資対象全体で見ると株式だけに偏ってしまっているのです。株式に集中投資をしているとも言えます。

株式はハイリスク・ハイリターンという特徴があります。そのため、S&P500とオールカントリーはハイリターンが期待できる反面、ハイリスクな商品だということです。

かつて1929年に世界大恐慌というものがありました。

当時、米国株がどれくらい下落したかご存じですか？

なんと9割も暴落したのです。

その後、どのくらいの期間で回復したかを表したのが図19のグラフです。**回復するのにかかった期間はなんと25年。これを見てもわかるように、株式だけに投資するのはかなりハイリスクなのです。**

もし、あなたが65歳のときに、世界大恐慌並みの大暴落が起きたとしたら、それが元の価格に回復するころには、あなたは90歳になっているかもしれません。

これは、とんでもなく長い期間ですし、その間、経済的に生き延びることができるかというと、もちろん人にもよりますが、かなり難しいのではないでしょうか。

配当があると回復は短縮されるが……

さて、図19をもう少し詳しく見てみましょう。

図には、濃い色の線が書いてあります。これは、**「配当込みで計算した場合、回復にどれくらいかかったか」**を表しています。

［図19］

世界大恐慌からの株価回復は25年！

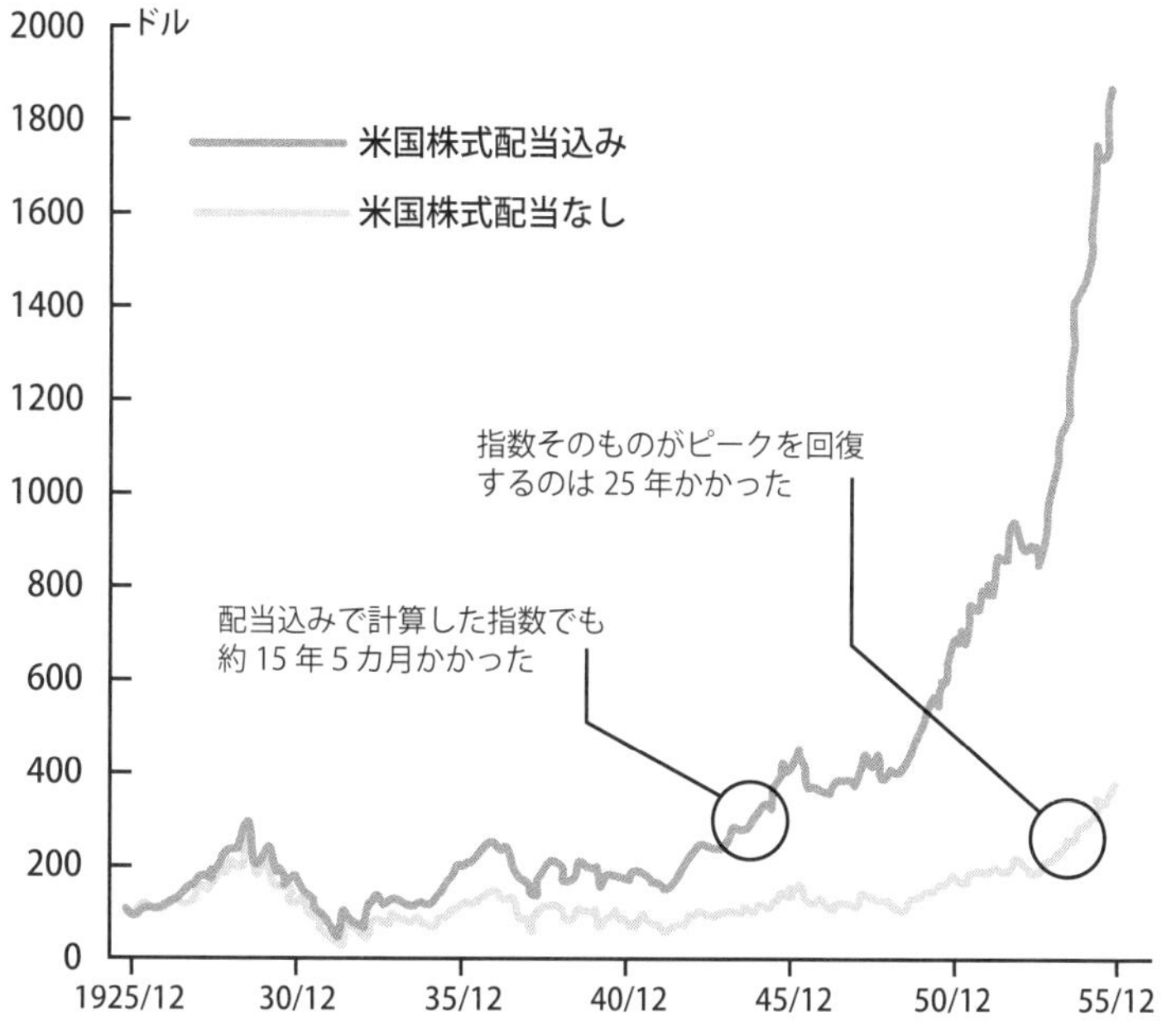

（注）1925年12月末に100ドルを投資した場合の資産額の推移

https://www.nikkei.com/article/DGXBZO04570930U0A320C1000000/ より

「配当込み」とはどういう意味でしょうか？

配当とは、**株式の配当金**のことです。

「配当金」とは何か？

ここで、そもそも株式とは何かというお話をしたいと思います。

会社はなぜ株式を発行するのでしょうか？

会社がやっているのはビジネスです。それも恒常的に利益を上げ続けるビジネスを続けることを目指しています。ビジネスには当然、資金が必要ですので、会社は資金を用意しないといけないのですが、自社だけで用意できる資金には限りがあります。

そこで、資金を集めるために、株式を発行するのです。

投資家は、将来性のある会社や実績のある会社の株式を買うことで、その会社に資金を提供していることになります（株式は、その会社にお金を出してあげた証拠であるとも言えます）。

そして、株式を買ってもらった会社はその資金を使って、新しいアイデアを実現するための研究開発をしたり、製品化のための機械を導入したり、新しい工場を建設したり、広告費にお金をかけたり、輸送費に使ったりすることで、自社のビジネスを発展させて株主たちの期待に応えようとするわけです。

会社がビジネスをしてうまくいった場合、その会社の売上が上がります。業績が上がっていけば、その会社が発行している株式の価値も上がります。投資家たちは、そうなることを期待して、株式を買うことでその会社に資金を提供しているというわけです。

投資家たちからすれば、じぶんたちが買った株式の価格が上がれば、じぶんたちの資産価値も上がるわけですから、会社を応援したご褒美をもらえることになります。

しかし、会社の業績には浮き沈みがありますし、業績が上がれば必ず株価も上がるというものではありません。

なぜなら、株価というものは、投資家たちの心理の反映だからです。多数の投資家たちがその会社の株が上がると思えば株価は上がりますし、そうでないなら逆に下が

［図20］
配当とは？

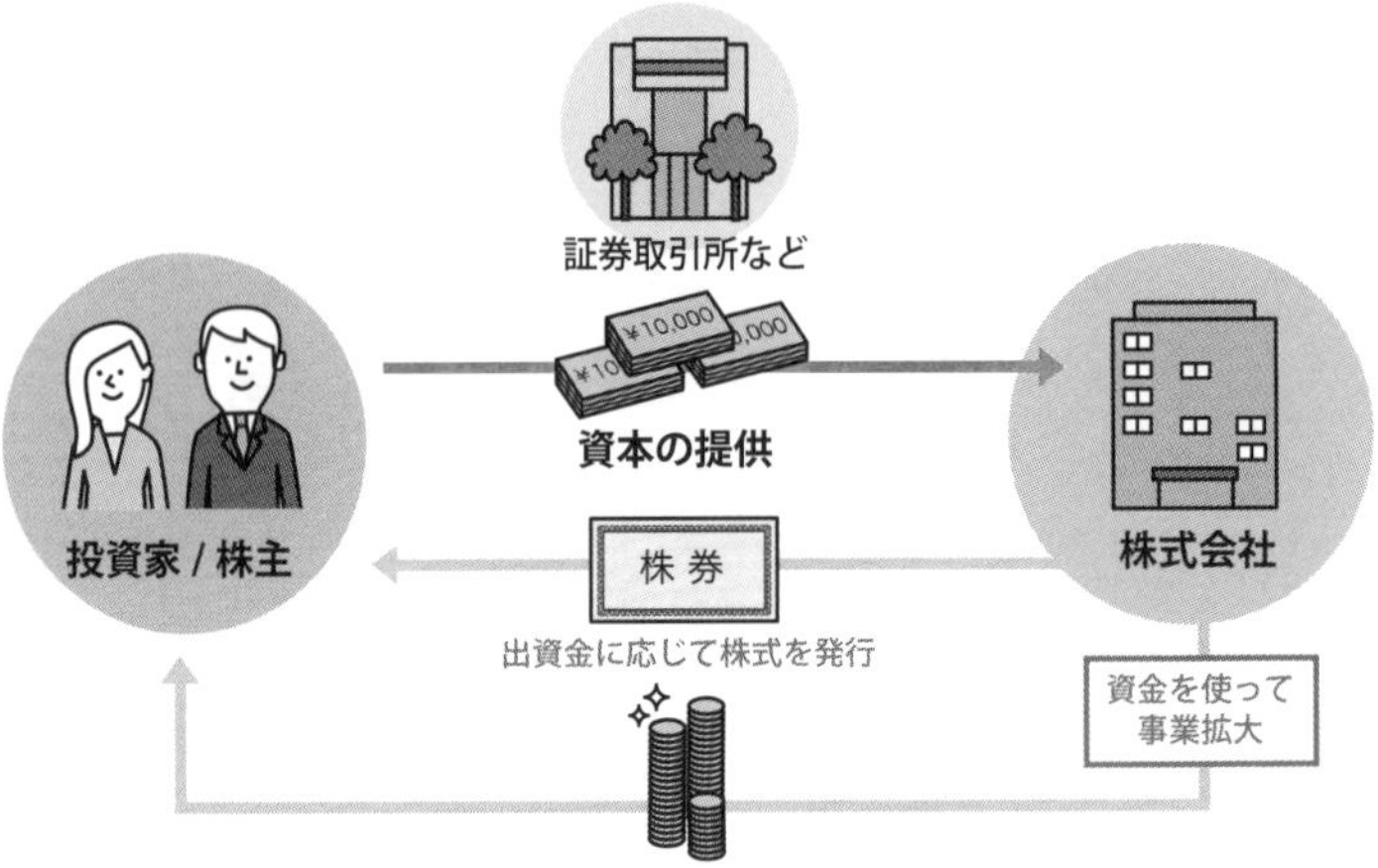
配当金として利益の一部を還元

ってしまいます。そのため会社としての利益は上がっているのに株価はあまり上がらないという現象が起きることもあるのです。

そこで、会社の利益が出たときに、お金を出してくれた投資家たちへの「お礼」として「配当金」というものが存在しているのです（図20）。

配当金は、会社の利益の一部を、株式を買ってくれた投資家への利益還元として配ります。

さて、先ほどの127ページの図19のグラフに戻りましょう。

濃い色の線は90％の価格下落の後に、自身が持っている株式の配当金をその都度再投資に回した場合、どれくらいの期間で資産価値が回復するかということを意味しています。

配当なしの場合は、元に戻るまでに25年かかりましたよね。

それに対して、**配当金をもらうたびにそれを再投資していけば、回復するまでの期間が15年5カ月に短縮されています。**「それでも長いよ！」と思うかもしれませんが、かなりの短縮であることは間違いありません。

短縮はされましたが、仮に、65歳で90％の価値の下落を経験して、配当金を再投資していったとしても、資産価値が元に戻るのは80歳5カ月です。その間、お金を引き出したりすれば、その分だけ回復が遅れることになります。

80歳5カ月まで元本割れの状態が続いていることに、あなたは耐えられますか？

配当金のおかげで回復する期間が15年ほどに短縮できたとしても、やはりこのリスクは許容できないという人が多いのではないでしょうか。

というわけで、S＆P500やオールカントリーなどの株式だけで運用する投資信託のリスクについてよくわかっていただけたのではないかと思います。

株式だけでなく「債券」にも投資していたらどうなっていたか？

これまで説明してきたように、50代以降に投資を始める場合、株式だけに投資をするのはかなりのリスクがあります。

例えば、55歳で投資を始めて65歳のときにリーマンショック級の大暴落が起きたとしましょう。そこから、損失を取り戻すために10年以上かかるケースもあるということを考えると、株式で運用する投資信託だけに投資をするのはおすすめできません。

しかし、株式だけでなく、他の資産クラスにも分散投資をするのであれば、50代以降の投資であってもおすすめできます。ここからは、どのような分散投資を行えば良いのかについて、じっくり解説していきます。

投資商品には、株式以外にも債券、為替商品、不動産、コモディティといったものがありましたが、その中でも特に時価総額が大きいのが株式と債券でした。これまでもお話ししたように、**債券の時価総額は株式を上回っていますから、実は債券は投資商品の中でもトップクラスに市場規模が大きいのです。**

それゆえ、株式と債券をあわせて**「2大投資対象」**と呼ばれるのです。

先ほどの世界大恐慌時に配当なしと配当ありでは回復にどれくらいかかったかというグラフの他に、実はもう1つ別のグラフがあります。

次のページの図21をご覧ください。

こちらは、米国株式だけでなく、米国債券にも分散投資していた場合、1929年の大恐慌以降に資産価値が元に戻るまで何年かかったかを示すグラフです。

これを見ると**配当ありの株式だけだと回復までに15年もかかっていたのが、株式と債券に分散して投資していた場合には、わずか6年2カ月で回復しているのです。**

配当なしだと25年かかっていたのが、配当ありでなおかつ債券にも分散投資することで、なんとここまで回復期間が短縮されるのです。

これなら65歳で暴落したとしても、71歳で回復してくれるということになります。

［図21］

債券に分散投資すれば6年2カ月で回復する!

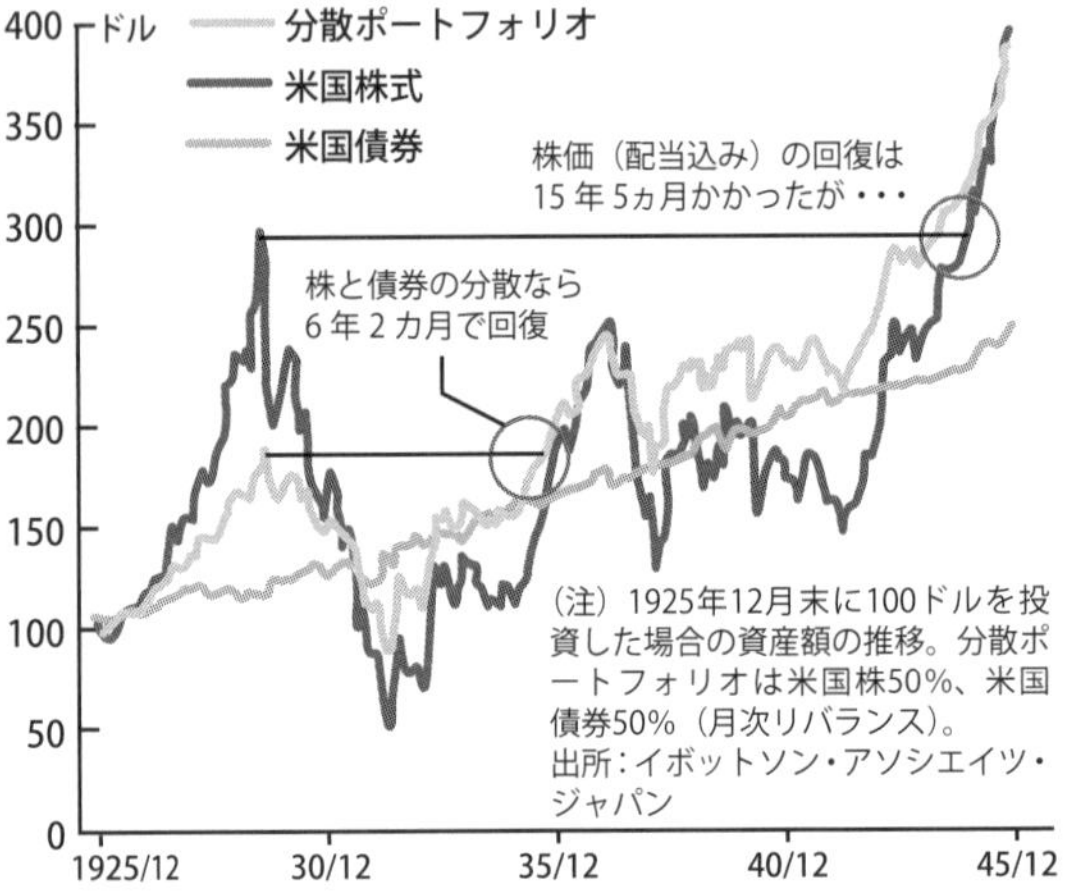

（注）1925年12月末に100ドルを投資した場合の資産額の推移。分散ポートフォリオは米国株50%、米国債券50%（月次リバランス）。
出所：イボットソン・アソシエイツ・ジャパン

https://www.nikkei.com/article/DGXBZO04570930U0A320C1000000/ より

回復するのを90歳まで待つというのは、ほとんどの人にとって厳しいと思いますが、「71歳くらいまでだったら、なんとか待てそうな気がします！」と感じる人が多いのではないでしょうか。

私も、これくらいのリスクであれば、許容できそうだなと思っています。

リスクコントロールを学んで暴落に備えよう！

このように、株式だけでなく債券にも分散投資をすることで、私たちの投資のリスクをグンと抑えることができるようになるのです。

分散投資とは、「いろいろな種類の株式を買う」ことではなく、**「株式以外の投資商品、特に債券も買う」というのが分散投資の基本**であると私は考えております。

ちなみに、株式だけでなく債券も買うといったような分散をすることで、リスクを抑える手法のことを、投資の世界では**「リスクコントロール」**と呼んでいます。

1つの銘柄や、1つの資産クラスに、資産を一気に注ぎ込まないで、複数の銘柄、複数の資産クラスに分散して注ぎ込む。これが、リスクコントロールなのです。

50代以降から投資を始める方には、ぜひこのリスクコントロールという概念を覚えておいていただきたいと思います。

リスクコントロールができていなければ、ある日突然、60%〜90%も資産価値が暴落を起こし、それが回復するまでに何年もかかり、そのうちじぶんは80歳を超え、90歳で悶々《もんもん》とする……といったような絶望的な状況に陥ってしまうかもしれないのです。

人生100年時代と言われている今だからこそ、あなたは人生100年時代の「投資を長く続けられる」という恩恵を受けると同時に、**「たまに起きる暴落に耐えられるリスクコントロールを学ぶ」**という備えをしておかなければいけません。

さて、この分散投資をした場合に得られるリターンは、どのくらいかというと、これについてはすでにもうお話ししています。

そう、過去20年間の平均リターンが年利6・1%でしたよね。

S&P500やオールカントリーだけに投資をした場合の11%や8・9%といったリターンに比べれば地味に見えるかもしれませんが、大暴落があったときの回復力の強さという点では、この投資方法を一番おすすめしたいのです。

NISAを活用した分散投資術「2ステップ方式」

さて、50歳以降から投資を始める場合には、分散投資をすることが絶対条件と言ってもいいくらい重要だというお話をしました。

おまけに、分散投資をただするのではなく、NISAですることに意義があるということもおわかりいただけたと思います。なぜなら、NISAは投資の利益が非課税になる制度だからです。

NISAで分散投資を行うことで、リスクコントロールをすることができ、なおかつ手取りを多くすることができるというわけです。

しかし、投資の初心者の方にとっては、「分散投資をすればいいことはわかったけれど、具体的にどうすればいいの？」と、あまりイメージができていないかもしれません。

ここでは、私がおすすめする、NISAを活用した分散投資術「2ステップ方式」を紹介したいと思います。まずは、この方式をきちんと理解していただいて、ご自身で実践できるようにしてください。

2ステップ方式とは何か。とってもカンタンです。

以下の2つのステップを踏んで投資をする方式です。

ステップ① 10年以内の積み立て
ステップ② その後、生涯の「じぶん年金戦略」へ移行する

なぜ、「10年以内の積み立て」なのか？

まず、ステップ①について説明します。

10年以内の積み立てをするというステップですが、「なぜ10年ではなく、10年〝以内〟なんですか？」と疑問に思われるかもしれません。実は、なぜ10年以内と書いたかというと、**積立投資ができる年数には個人差があるからです。**

現在の年齢や、これから何年働けるのか、年収などによっても変わってきます。

例えば、現在50歳で、60歳までの10年間は働くつもりだから、積み立てできるのは10年間という人もいれば、今55歳だから積み立てできるのは60歳までの5年間という人もいらっしゃるかと思います。

あるいは、64歳から65歳の1年間という方もいるでしょう。

このように、積み立てできる年数には個人差があるので、10年以内としたわけです。ですから、積み立てをする年数は、あなたのご都合に合わせてできる範囲で問題ありません。

また、「積み立てできる期間はほとんどありません！」という場合も過去に貯めてきた貯金があるならば、その一部を「一括投資」に回すことで、効率の良い資産形成が可能になります。

ちなみに、60代以降でも資産を増やしていくことは十分に可能です。

例えば、私の周りには70歳からＮＩＳＡを始めたという方もいらっしゃいます。今のあなたが何歳であれ、あとどのくらい働けるかを考えて、ご自身のできる範囲で積み立てを行ってみてください。

ここまでがステップ①になります。

ステップ②は「**その後、生涯の『じぶん年金戦略』へ移行する**」です。

じぶん年金戦略とは、投資を続けながら、必要な分だけ取り崩して、残りはそのまま運用を続けていくという戦略です。

「じぶん年金戦略」のメリット①株価の回復を待てる

この戦略のメリットは、大きく2つあります。

1つ目は、「**金融危機などで暴落したとしても、いずれは回復するので、それまで待てる」というメリット**です。世界大恐慌時に株価が大暴落を起こして90％も価格が下落したという話をしましたが、株式と債券の分散投資をしていれば、わずか6年ほどで元の水準にまで回復しました。

では、なぜ、暴落しても回復するのでしょうか？

それには、2つの理由がありましたよね。世界の人口が増え続けていることと、私たち人間の欲望には際限がないからということでした。その結果、世界経済は長い目で見れば発展し続けてきたし、これからもそうなるだろうことが予測されます。

途中で何度かの暴落は経験するかもしれませんが、長いスパンでは世界経済は右肩上がりに上がっていくと考えられます。

「じぶん年金戦略」のメリット②急な上昇相場を取りこぼさない

さて、2つ目のメリットは、「急な上昇相場も取りこぼさない」です。

これはどういうことかというと、わかりやすい例がありますのでご紹介します。

バンガード・インベストメンツ・ジャパンのコラムに、こんな記事が載っていました。その一部を抜粋します。

> ２０００年から２０１８年にかけてＳ＆Ｐ５００は複利ベースで年率４・86％のリターンを実現したが、同期間中でもっともリターンの高かった10日間を除くと、同銘柄の年複利リターンはわずか１・１％だった。もっともリターンの高かった25日間を除けば、年複利リターンはなんとマイナス２・43％だった。

これがどういうことか、わかりますか？

18年間の期間、Ｓ＆Ｐ５００のリターンは年平均で４・86％だったのですが、もし、この期間中にもっとも成績が良かった10日間を取りこぼしていたら（＝その期間に投資していなかったら）、年率は１・１％に下がり、さらにもっとも成績の良かった25日間すべて取りこぼしていたら、リターンはマイナス、つまり元本割れしてしまっていたのです。これって、恐ろしい話だと思いませんか？

18年間の中で、投資をしていないタイミングが、たったの25日間あっただけで、むしろマイナス（元本割れ）になっていたのです。別の視点から見ると、株価というの

［図22］

じぶん年金戦略
（しかも、新NISAでやれば非課税）

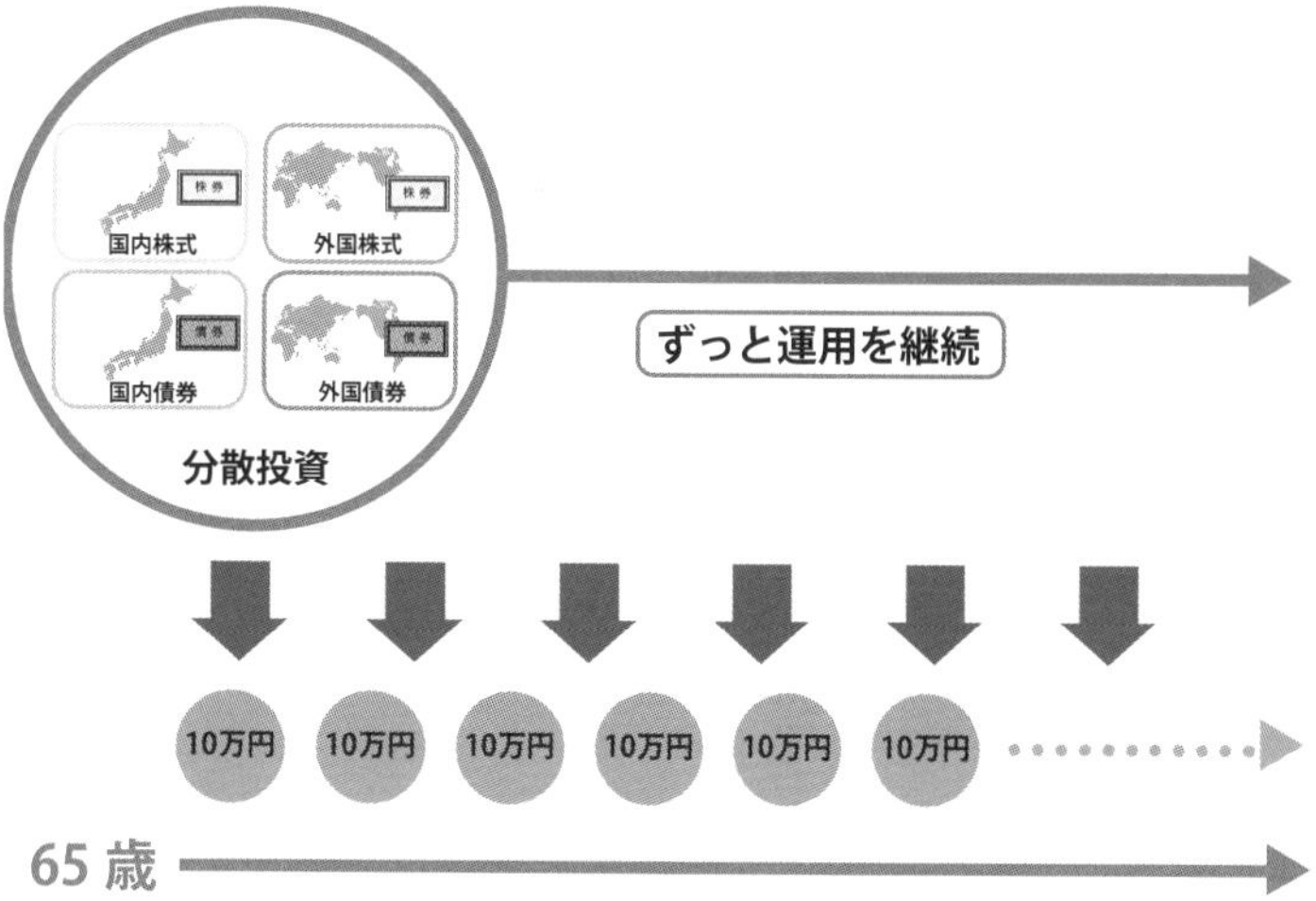

は、あるとき、急に上昇する日があるということがわかります。

「じぶん年金戦略」ならそんなリスクも回避できる！

しかし、ご安心ください。

じぶん年金戦略では、生活費として必要な分だけを取り崩すだけで、投資自体はずっと続けるわけですから、こういった「もっとも成績が良かった期間」、つまり、急な上昇相場を取りこぼすことがありません。急な値上がりの恩恵を確実に得ていくことができるのです。

NISAを活用した分散投資術「2ステップ方式」のシミュレーション

さて、それではNISAを活用した分散投資術「2ステップ方式」のシミュレーションをしてみましょう。じぶん年金を、毎月いくら受け取りたいのかは、人によって違うと思います。

そこで、今回は、受け取り金額別に4パターンのシミュレーションを行います。

◎月3万円ずつ受け取りたい場合
◎月5万円ずつ受け取りたい場合
◎月10万円ずつ受け取りたい場合
◎月15万円ずつ受け取りたい場合

シミュレーションをするにあたって、最初に考えておくべき2つのポイントがあります。

①何歳まで積立投資ができそうか?
②じぶん年金を何歳まで受け取りたいか?

これらの期間をある程度イメージしておくことです。

最近は65歳まで働く人が多いので、今回のシミュレーションでは、65歳まで積立投資を行い、じぶん年金を65歳から95歳までの30年間にわたって受け取るという前提条件で試算をしてみようと思います。

男性であっても95歳までの設定にする

なぜ、じぶん年金の受け取り期間を、65歳から95歳までの30年間で試算することに

［図23］
年齢別における生きている確率

年齢	男性	女性
83歳	53%	75%
84歳	50%	72%
85歳	46%	69%
86歳	42%	66%
87歳	38%	63%
88歳	34%	59%
89歳	30%	54%
90歳	26%	50%
91歳	22%	45%
92歳	18%	40%
93歳	14%	35%
94歳	11%	30%
95歳	9%	25%
96歳	6%	20%

厚生労働省　令和4年簡易生命表より作成

したのかというと、146ページの図23を見てください。この表は、厚生労働省が毎年発表している簡易生命表から試算した**「年齢別における生きている確率」**を表したものです。

男性から見ていくと、84歳まで生きている確率は50%となっています。つまり、男性の2人に1人は84歳まで生きているということになります。90歳だと26%なので、4人に1人は90歳まで生きているということになります。

続いて、女性も見てみましょう。90歳で50%となっているので、女性の2人に1人は90歳まで生きています。95歳で25%なので、4人に1人は95歳まで生きていることになります。

つまり、けっこうな確率で95歳まで生きていることがわかります。

やはり、男性よりも女性のほうが長生きですね。

ただ、じぶん年金の受け取り期間を考えるにあたり、**男性だからといって、受け取る期間を80代前半までという計画を立ててしまうと、長生きした場合にお金が足りなくなって困るという事態になってしまいます。**

お金は余ったときには困りませんが、足りなくなったときに困ります。

人生１００年時代と言われていますから、今後、私たちの寿命は、現在の簡易生命表よりも、もっと長くなることも考えられます。なので、今回のシミュレーションでは、男女ともに、65歳から95歳までの30年間にわたって受け取る設定にします。

さて、これからシミュレーションをしていくわけですが、シミュレーションを簡単に行うことができる、とても便利なツールがあります。大和アセットマネジメントのホームページにある**「人生１００年時代シミュレーション」**というツールです（これは無料で誰でも利用可能です）。

https://www.daiwa-am.co.jp/special/100years/simulation.html

月3万円ずつ受け取りたい場合

「人生100年時代シミュレーション」のページを開いていただくと、「積立投資シミュレーション」と「取り崩しシミュレーション」という2つのツールが出てきますので、今回のシミュレーションでは後者を利用します。

それでは、65歳から95歳までの30年間、月3万円を受け取るためには、これまで述べた2ステップ方式でどのように運用していけばいいのかを、シミュレーターを使って試算してみましょう。

まずは「人生100年時代シミュレーション」にある「**取り崩しシミュレーション**」を開きます（151ページの図24）。すると、「**取り崩しを始める年齢を入力する**」と出てきますから、取り崩しを始める年齢を入力します。

今回はじぶん年金を65歳から受け取る前提で試算していきますので、65歳と入力してください。入力したら決定ボタンを押します。

すると、画面の上のほうに「資産の寿命は何年?」「毎月の取り崩せる金額は?」「取り崩す期間いくら必要?」という3つの項目が出てきますので、一番右の（スマートフォンの場合は一番下の）**「取り崩す期間いくら必要?」**を選びます。

下に、毎月の取り崩し額、取り崩す期間、想定利回り（年率）を設定する項目が出てきますので、ここに以下の数字を設定していきます。

【毎月の取り崩し額】毎月3万円受け取りたいので「3万円」
【取り崩す期間】65歳から95歳までの「30年間」
【想定利回り（年率）】「自由入力」にチェックを入れて「6%」と入力

※分散投資における一般的な利回り

すべて入力し終えたら、画面下の**【「取り崩す期間いくら必要?」**をシミュレーシ

[図24]

取り崩す期間いくら必要？

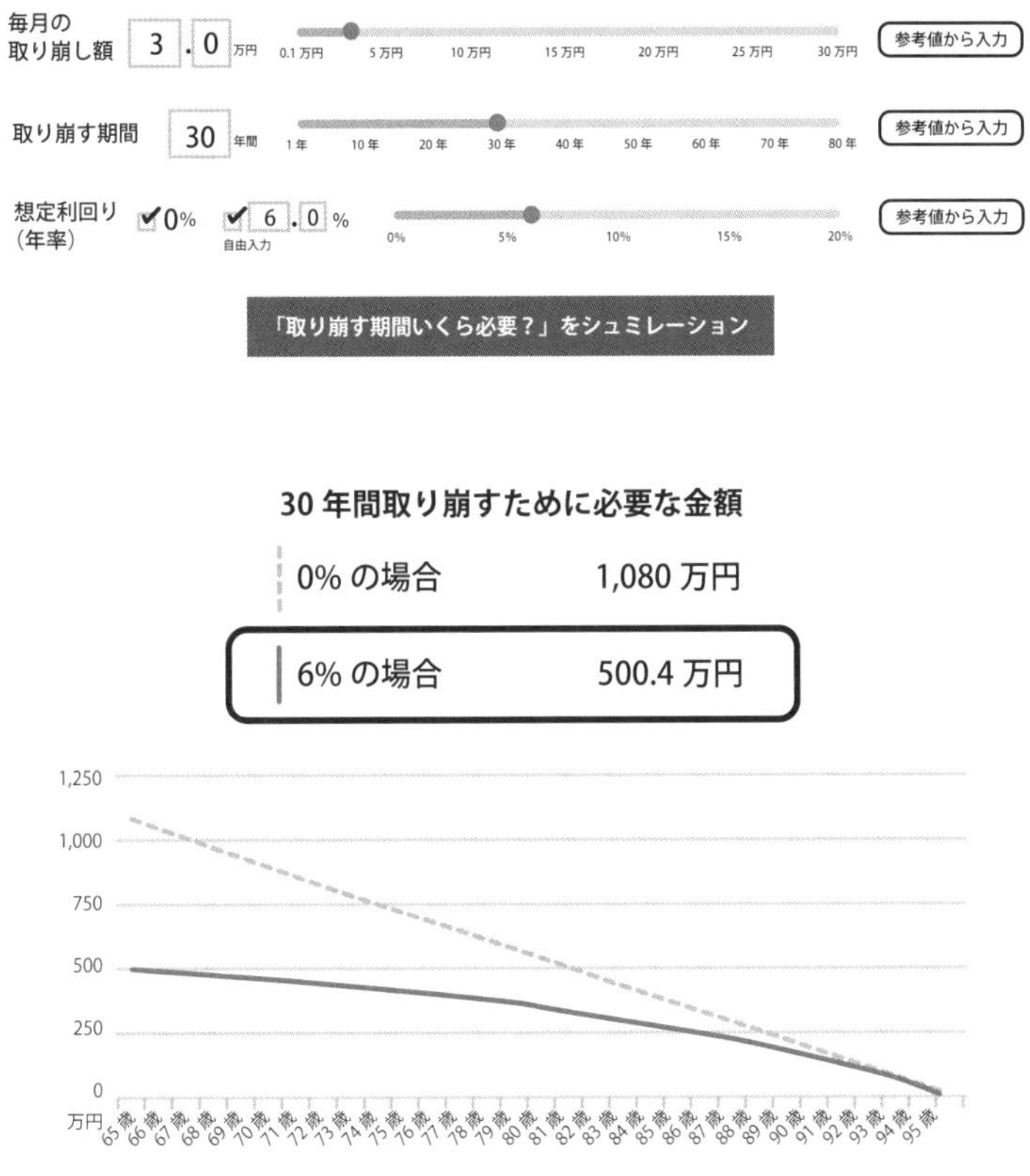

毎月の
取り崩し額
3.0 万円
0.1万円
5万円
10万円
15万円
20万円
25万円
30万円
参考値から入力
取り崩す期間
30 年間
1年
10年
20年
30年
40年
50年
60年
70年
80年
参考値から入力
想定利回り
（年率）
0%
6.0 %
自由入力
0%
5%
10%
15%
20%
参考値から入力
「取り崩す期間いくら必要？」をシュミレーション
30年間取り崩すために必要な金額
0%の場合 1,080万円
6%の場合 500.4万円
1,250
1,000
750
500
250
0
万円
65歳
66歳
67歳
68歳
69歳
70歳
71歳
72歳
73歳
74歳
75歳
76歳
77歳
78歳
79歳
80歳
81歳
82歳
83歳
84歳
85歳
86歳
87歳
88歳
89歳
90歳
91歳
92歳
93歳
94歳
95歳

ョン】というボタンを押しましょう。

ボタンを押すと、試算結果が表示されます。

毎月の取り崩し金額が3万円、取り崩す期間が30年間、想定利回りが6％だとすると、それを実現するために必要な金額は**「500・4万円」**という試算結果が出ました。

これは、65歳の段階で取り崩しを始めるときに、あなたが持っていなければならない資産の金額を意味しています。

仮に、55歳から投資を始めるとしたら、65歳までの10年間の間に積立投資で資産を500万4000円まで増やしておくことができれば、月3万円を95歳までの30年間にわたって受け取ることができますよ、ということなのです。

そして、その上に書いてある「0％の場合」というのは、65歳から30年間毎月3万円取り崩す場合に、全く投資をしないならいくらの資産が必要かを表しています。

投資をしないのなら、65歳の段階で1080万円を持っていないと月3万円の取り崩しを30年間続けることはできません。

取り崩す資産を築くための積立金額はいくら？

さて、次に65歳までに5000万4000円の資産を用意するためには、55歳の段階から月いくらの積立投資を始めればいいのかを計算しましょう。今度は私のホームページにあります「複利計算シミュレーションツール」を開いてください。

https://fp-onizuka.com/fukuri/

「元本」「毎月の積立額」「ボーナス増額（1年分）」「期待リターン」「運用期間」の5つの項目を入力していきます。毎月の積立額を3万円、期待リターンを6％、運用期間を55歳から65歳の10年間積み立てると仮定して、10年としましょう。

ひとまず、ここでは元本とボーナス増額（1年分）は無視して大丈夫です。

入力し終えたら、計算ボタンを押してみましょう。すると、**複利の試算結果は「490万円」**と出ました（図25）。55歳から月3万円を10年間、年利6％の分散投資で

［図25］
将来いくらになるか計算してみよう!

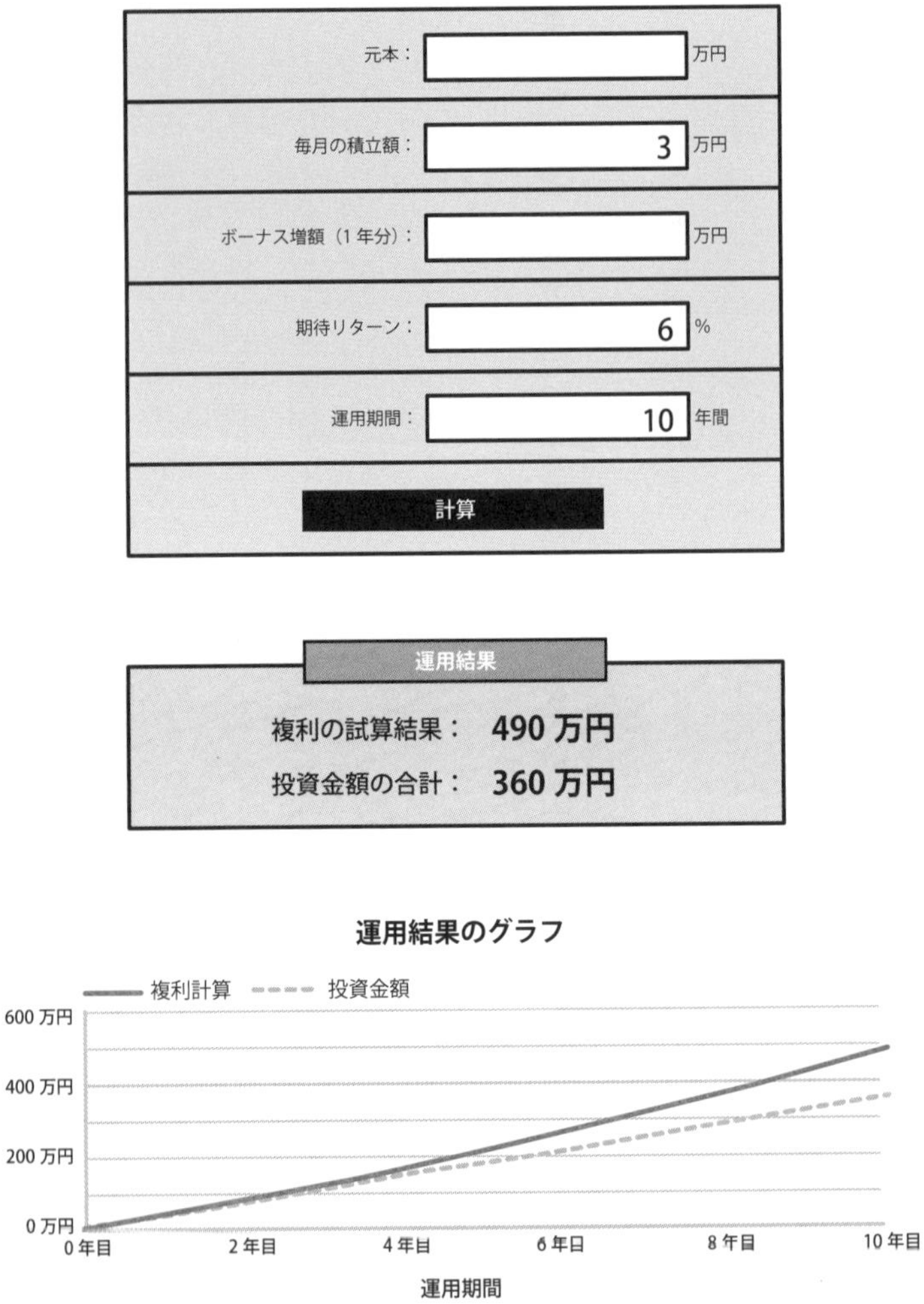

積み立てると、490万円になるということです。

しかし、これでは、目標額の500万4000円に対して10万円足りません。したがって、前のページに戻っていただいて、毎月の積立額を3・06万円に入力し直してみましょう。その金額で計算し直してみると、ちょうど500万円になりました。

というわけで、**65歳から30年間、月3万円取り崩せる資産を築くためには、55歳から3万600円の積立投資をすれば良い**ということがわかりました。

じぶん年金を月3万円受け取りたい場合の「2ステップ方式」は以下のようになります。

ステップ①月3万600円の積立を10年間行い500万円用意する
ステップ②その後も500万円の運用を継続し月3万円を30年にわたって受け取る

ボーナスを活用して毎月の積立額を抑える方法

ちなみに、会社員や公務員の方であれば、ボーナスを活用するという手もあります。**ボーナスを利用することで、毎月の積立額を抑えることが可能です。**仮に、夏のボーナスから10万円、冬のボーナスから10万円、合わせて年20万円を投資に回せるとしましょう。すると、毎月の積立額は1万3500円で済みます。

「毎月の積立額はそんなにできないけど、ボーナスのときであれば少し上乗せできそうです！」という場合は、ぜひ、ボーナスを含めたシミュレーションを行ってみてください。ボーナス増額の欄に数字を入力するだけでカンタンに試算することができます。

今回のシミュレーションは、あくまでも65歳から3万円を30年間受け取るためには、どのように投資をしたら良いのかという試算です。

積み立てできる年数、受け取りたい金額や年数は個人差があると思いますので、私のホームページにある「複利計算シミュレーションツール」と大和アセットマネジメントの「人生１００年時代シミュレーション」の「取り崩しシミュレーション」を利用して、あなたの状況に合わせた試算をしてみてください。

月5万円ずつ受け取りたい場合

それでは、次に65歳から毎月5万円ずつ受け取りたい場合のシミュレーションを行っていきましょう。

大和アセットマネジメントのツールを開いてください。

「取り崩す期間いくら必要?」のページで、毎月の取り崩し金額を「**5万円**」、取り崩す期間「**30年間**」、想定利回りは「**6%**」としたうえで試算します。

すると、毎月5万円ずつ30年間取り崩すためには、65歳の時点で**834万円**が必要だということがわかりました。

続いて、私のサイトの「複利計算シミュレーションツール」を開きます。

そこで毎月の積立額を**5・11万円（5万1100円）**と設定し、期待リターンを**6**

%、運用期間を**10年**として計算してみます。すると、複利運用によって55歳から65歳までの10年間で**834万円の資産形成**ができることがわかりました。

初期投資額として元本を増やした場合

今、試算したように、積み立てだけで目標額を目指す方法もあるのですが、**銀行預金に眠らせてしまっているお金を初期投資額に回して有効活用する**という方法もあります。

複利計算シミュレーションツールの**「元本」**という項目に注目してください。元本とは、最初に一括投資に回す「初期投資額」のことです。

もし、「銀行に預けていても全然増えないし、預金の中から、ちょっと投資に回してみようかな？」というお金がある場合は、そのお金を最初の段階で元本として入れることで、毎月の積立金額を減らすことが可能です。

仮に、銀行預金から回せるお金が200万円あるとしましょう。その場合、元本の欄に200万円と入れてみてください。すると、**65歳までに834万円を貯めるのに必要な毎月の積立金額は、なんと2・915万円（2万9150円）まで減ることになります。**初期投資額0円の場合と比べると、積立額が2万円以上も少なくて済みます。

この金額を積み立てしていれば、65歳までに834万円を貯めることができ、その後、30年間にわたって、毎月5万円ずつ取り崩しながら生活していくことができるというわけです。**ここでのポイントは、元本として初期投資額を組み込んでおくことで、毎月の積立額を減らすことができるという点です。**

毎月2万9150円の積み立てを10年間続ければ、65歳から毎月5万円を30年間にわたって受け取れると考えたら、いかがでしょうか？

ちょっとお得に感じるのではないでしょうか。

もちろん、預金が少なくて投資に回せる元本が0円であったとしても、毎月5万1100円を10年間積み立てれば、その後の30年間毎月5万円を受け取れるという目標は達成可能です。ご自身の現状に合わせて、やりやすい方法を選んでみてください。

月10万円ずつ受け取りたい場合

それでは次に、毎月10万円受け取りたい場合のシミュレーションしてみましょう。

さきほどまでのシミュレーションと同じように、大和アセットマネジメントのツールで「取り崩す期間いくら必要？」の「毎月の取り崩し額」のところに**10万円**と入力してください。取り崩す期間は**30年**、想定利回りは**6％**のままです。

これで計算をすると、年利6％のリターンを得られるならば、**1668万円**があれば65歳から95歳までの30年間、月10万円受け取ることができるということがわかりました。

そして、この1668万円を55歳から65歳までの10年間で用意するには、毎月の積立額はいくら必要になるのかを　複利計算シミュレーションツールで調べてみましょう。

するとと、毎月の積立額は10万2150円が必要になることがわかりました。10年間、その金額を積み立てた後に、そのまま投資を続けていけば30年間にわたって毎月10万円を受け取れるということです。ちなみに初期投資額を500万円を用意した場合は、毎月の投資額は4万7300円で済みます。

月15万円ずつ受け取りたい場合

それでは、最後に毎月15万円を受け取りたい場合のシミュレーションをします。

大和アセットマネジメントのツールで「毎月の取り崩し額」を**15万円**、取り崩す期間は**30年**、想定利回りは**6%**で計算すると**2501万9000円**が必要になるということがわかります。

55歳から投資を始めるなら、65歳までの間にこの金額を用意することができればオーケーということになります。

続いて、複利計算シミュレーションツールで、2501万9000円を55歳から貯めるには、毎月いくらの積立額が必要かを見てみましょう。

すると、積立期間10年で、期待リターンが6%だとすると、必要な毎月の積立額は

15万3250円ということになりました。

もちろん、この場合も元本を最初から用意できるならば、預金から初期投資額に回すことで、毎月の積立額を引き下げることが可能です。たとえば、預金から800万円を初期投資額として出すと、積立額は半分以下に抑えることができます。

この場合、**月6万5500円**の積み立てで目標額に到達します。

「じぶん年金戦略3倍ルール」を知れば、お金の不安も解消！

じぶん年金の受取金額別シミュレーションを4パターン見ていただきました。

実は、これら4つのパターンには、ある共通点があるのですが、お気づきになりましたでしょうか？

例えば、月3万円ずつ受け取りたい場合のシミュレーションを思い出してください。30年間にわたって月3万円受け取るためには、月3万6000円の積み立てを10年間行う必要があるということでした。

言い換えると、**10年間積み立てするだけで、その後、30年にわたり、積立額とほぼ同額を受け取り続けることができるというすごい仕組みです。**

10年積み立て→30年受け取りですから期間は3倍ですね。

これは、3万円の場合だけではありません。

他の金額のシミュレーションにも当てはまります。

◎月5万1100円を10年積み立てすると……

→その後、30年にわたり5万円受け取れる！

◎月10万2150円を10年積み立てすると……

→その後、30年にわたり10万円受け取れる！

◎月15万3250円を10年積み立てすると……

→その後、30年にわたり15万円受け取れる！

つまり、どの金額の場合でも、10年間積み立てするだけで、その3倍の期間である30年間、積立額とほぼ同額を受け取ることができるというのが共通点です。

これが**「じぶん年金戦略3倍ルール」**です。

実は、このルール、この本を書いている途中で発見しました。

シミュレーションを行ってみた結果、偶然、たどり着いたのです。

このルールがわかっていれば、じぶん年金の計算はものすごく簡単です。

例えば、月100万円を30年間受け取りたかったら、今から月100万円ほどを10年間だけ積み立てすれば良いわけです。

受け取りたい金額を当てはめるだけですから、とってもカンタンですよね。

じぶん年金戦略はどのように誕生したか?

じぶん年金戦略のすごさがわかっていただけたでしょうか。

じぶん年金戦略を採用すれば、50代以降に投資を始めたとしても、65歳以降の30年間にわたって投資の利益を毎月取り崩しながら暮らしていくことができます。

「この方法だったら、50代からでも遅くなさそうだし、投資経験ゼロの私でもできそうです。公的年金とは別に、じぶん年金を受け取れたら、老後も生活レベルを落とさなくて済みそうなので、すごく安心感があります!」

このような声をよくいただきます。

さて、この章の最後に、なぜ、私がこのじぶん年金戦略にたどり着いたのかについてお話ししたいと思います。

本書の冒頭でも述べましたが、私は大学を卒業後に郵便局に就職しました。郵便局で5年間営業職に従事していたのですが、そこでのお客様の年齢層はだいたい60~70代の方が多く、年金生活をしていらっしゃる方と日々接していました。

すると、その年代のお客様たちが口々に将来への不安を訴えてこられるのです。

「ATMで通帳に記帳するたびに、残高が減っていくのを見ると、すごく不安な気持ちになる」と。

1990年頃までは郵便局の定額貯金にお金を入れていれば、10年で2倍に増えてくれるという時代があったのですが、私が郵便局に勤め始めた頃にはそんな時代は終わっており、定額貯金の金利は超低金利で、受け取れる利子は雀の涙ほどでした。しかも、「かんぽ」にいたっては10年間預けたとしても元本割れを起こしてしまうような状況だったのです。

そんな状況の中、年金生活をしている皆さんはただただ貯金が減っていくのを見つめているしかありませんでした。

私は、そんな皆さんの不安を少しでも解消させてあげたい、何か方法はないのか……と日々考え続けていました。その後、10年ほどかけて、ようやくたどり着いたのが、この**「じぶん年金戦略」**という投資手法だったのです。

老後の不安を和らげるには、老後も資産を増やすことができる手段が必要です。しかし、投資にはリスクがあります。元本保証がないわけですから、投資経験がない方は、怖いと感じるかと思います。

そこで、登場するのが**リスクコントロール**です。

株式だけでなく、債券にも分散投資をすることで、リスクを抑えた着実な資産運用を行うことが可能になります。分散投資であれば、年金生活をしている方でも心穏やかに投資を続けることができて、さらに、毎月決まった金額が受け取れると、安心して、生活していくことができるのではないか、と思ったのです。

これが、じぶん年金戦略誕生のいきさつです。

私が郵便局に勤務していた20年前には、NISAなんて存在していませんでした。2024年1月からは旧NISAをさらにパワーアップした新NISAが始まりました。そう考えると、現在は「じぶん年金戦略」を実行するのに、とっても恵まれた時代になったなと感じています。

ぜひ、あなたもじぶん年金戦略を採用して、安心できる老後を手に入れてください。

第4章まとめ

■ 新NISAを活用した分散投資術「2ステップ方式」は、ステップ①10年以内の積み立て、ステップ②その後、生涯「じぶん年金戦略」に移行というプロセスを採ることで、ある時期まで積立投資をするだけで、人生の残りの期間、毎月一定額を取り崩していける。

■ 50歳以降から投資を始める人にとっては、この2ステップ方式がもっとも実践しやすく、結果も出やすい投資法。

■ じぶん年金の受取額によって、積み立てすべき金額が変わってくるので、本書をよく読みながら、自身の収入や貯蓄状況に合わせてシミュレーションすべし。

■ 初期投資額、積立額、ボーナス増額、積み立てできる期間、将来受け取りたい金額、受け取りたい年数は人それぞれ違うので、あなただけのじぶん年金戦略を立てるべし。

第5章

リスク管理の王道「債券」を制する

なぜ、債券にも投資をしたほうがいいのか？

この章では、２大投資対象の１つであり、リスク管理の王道ともいえる「債券」について、より深く知っていただきたいと思います。

投資と聞くと、ほとんどの方が真っ先に思い浮かべるのは株式投資だと思いますが、これまで見てきたように、**よりリスクを抑えた分散投資を行うためには、株式投資だけに偏ってはいけません。株式だけでなく、債券にも分散投資することで、着実な資産運用が可能になるからです。**

それではなぜ、債券に投資することでリスクを抑えることができるのか？

そして、債券とはそもそも何なのか？

こういったことについて説明していきたいと思います。

株と債券の分散投資によるリスクコントロール

なぜ、株式と債券の両方に分散投資する必要があるのか？

結論から言いますと、**「株式と債券は互いに逆の動きをする傾向にあるから」**です。

実際の値動きを見てみましょう。まずは、次のページの図26の日本のほうを見てください。これは、２０１４年末からの約６年間の株式の値動きと債券の値動きをグラフで表したものです。

１つはＴＯＰＩＸ（株価）で、もう１つが債券価格です。２０１５年、チャイナショックで株価は暴落、２０１６年に起こったイギリスのＥＵ離脱問題のときも暴落しています。

この２つのタイミングでの債券の線を見てください。

債券価格は上がっています。２０１８年のトルコショック、米中の貿易戦争の際にも株価は下がっていますが、債券価格は対照的に上がっています。

[図26]

株式と債券の値動きの比較

日本

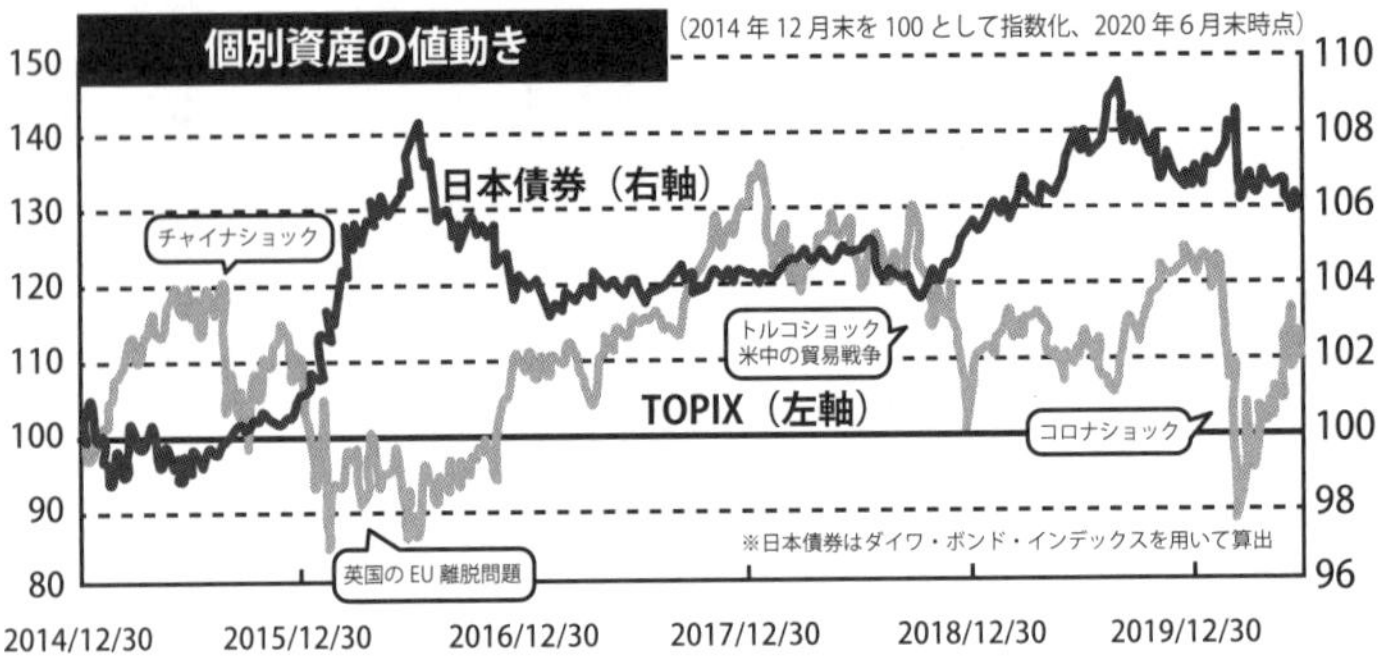

https://www.daiwa.jp/products/fund_wrap/online/column/asset-management/001/ より

米国

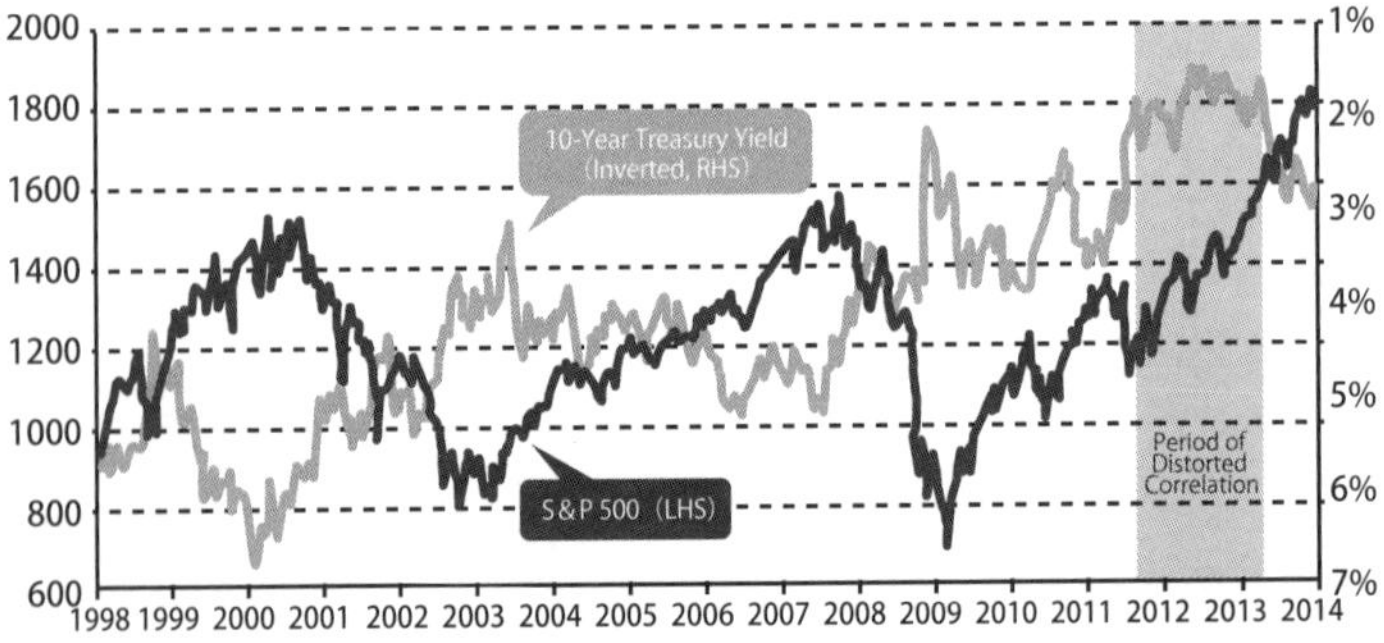

Guggenheim Investments. Data as of 1/31/2014 より

このように、**株価と債券価格は対照的な逆の動きをする傾向にあるということがグラフから読み取れます。**

今、見ていただいたのは日本の場合なので、今度は下のアメリカの場合も見てみましょう。こちらは1998年からの16年間のグラフです。1つがS&P500（株価）、もう1つが債券価格になります。

2000年、ITバブル崩壊によって株価が大暴落を起こしています。しかし、その時の債券価格は上がっています。また、2008年に起きた100年に一度の金融危機、リーマンショックの時にも株価は大暴落を起こしていますが、債券価格は上がっています。

このように、株式と債券というものは、互いに逆の動きをしやすいものなのです。

ですから、**株式と債券の両方に投資をしておけば、一方で損失が出たとしても、もう一方が利益をもたらしてくれることで、リスクコントロールが可能になる**というわけです。

なぜ、株価と債券価格は相反するのか？

それでは、なぜ株価と債券価格は相反する動きをするのか？

いろいろな要因があるとは思いますが、株式と債券は市場規模が大きく2大投資対象でしたよね。**仮に、そのひとつである株式の大暴落が起きると、投資家たちはどう考えるでしょうか？**

「今、株式に投資をするのは危険だ！」と判断して、株式を売却してお金を引き上げようとします。引き上げたお金をどうするかというと、株式よりもローリスクである債券に回すことで、リターンは低いかもしれないものの、安定的な運用を選ぶようになるわけです。

債券を買う人が増えれば債券価格は上がります。

これが株式と債券が逆の動きをする理由のひとつです。

2023年5月18日の日経新聞の記事に掲載されたボストン・コンサルティング・グループが発表した世界の資産運用市場に関する調査によると、運用会社が預かる資産の総額は2022年末の時点で98兆3000億ドル（約1京3450兆円）だったそうです。つまり、世界には投資しなければならないお金が1京3450兆円もあるということなのです。

このお金は常に投資しなければいけない、運用しなければいけないお金ですから、株が下がって資金を逃がすならば、他のものに投資をしなければなりません。

その資金の逃げる先が、安定的な債券になるということです。逆に株価が上がってくれば、リターンの低い債券の魅力は低下しますので、債券を売ってハイリターンが期待できる株式を買う人が増えるので、債券価格が下がるということが起きるわけです。

1年に一度の「リバランス」が損しない長期投資の秘訣

ここで「リバランス」の話をもう一度したいと思います。

リバランスについては、第1章で説明しました。50代以降の投資初心者が投資をするなら「手間暇のかからない投資法」を選ぶべきであり、その投資法とは**「長期投資」「分散投資」「リバランス」の3つでワンセット**という話でした。

リバランスとは、投資対象の価格が変動して配分比率がズレた時に、元の比率に戻すこと。**このリバランスには「リスクを下げてリターンを上げる効果」があります。**

改めて前出した65ページの図9を再掲します（↓図27）。

これはリバランスを行うことで、どれくらい効果があったかを表したグラフでした。

リバランスを実行した場合、受け取り額が600万円以上も多くなっています。

[図27]

リバランスで長期的に運用成績は向上しやすい

(当初100万円を日本株、日本債券、外国株、外国債券に25%ずつ均等投資したと仮定)

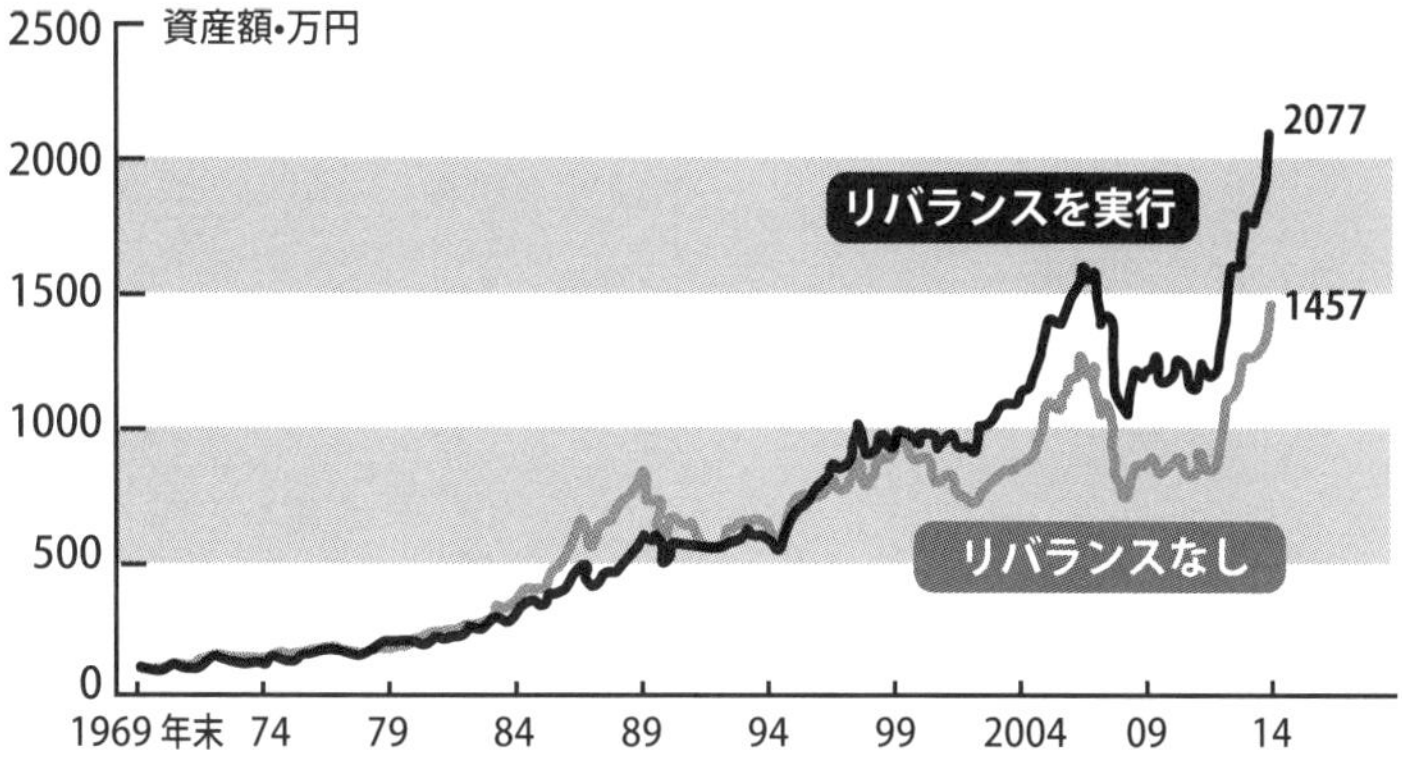

(注) イボットソン・アソシエイツ・ジャパンが試算。リバランスは3年ごと

日本経済新聞朝刊　2015年7月1日記事より

このデータの前提条件は、日本株、外国株、日本債券、外国債券に25%ずつ4分割して均等に投資した場合になります。

つまり、**株式と債券に、ちょうど半々ずつになるように投資しているわけです。**

このように分散投資をした場合、リバランスを実行したパターンと、リバランスを実行しないパターンでは、リターンに大きな差が生まれるわけです。

このことは非常に重要ですので、実際に投資を始める際には覚えておきましょう。

株式と債券に投資対象を分けて、できるだけ均等になるように投資をし、年に1回リバランスを実行します。

リバランスは、価値の上がったものを売って、価値の下がったほうを買い増すように行います。こうすることで、これから価値が下がるかもしれないものを売り逃げて、価値が上がるかもしれないものを買い増すことになるのです。

リバランスはマイナスの時にも有利に効いてくる

ちなみに、**リバランスは上昇局面だけでなく、下落局面でも効果を発揮します。**

次の図28を見てください。

こちらは、1980年末から2017年までのグラフになります。グレーの線がリバランスをしなかった場合、色の付いた線が毎年リバランスをした場合です。

2008年のリーマンショックでは、株式が大暴落を起こし、下落局面に突入しました。つまり、資産がマイナスになっている状況です。

このグラフを見ると、リバランスしなかった場合で35％も下落しています。分散投資をしていたとしても、100年に一度の金融危機に襲われるとこれだけの下落を経

［図28］

リバランスはマイナスのときにも効果あり！

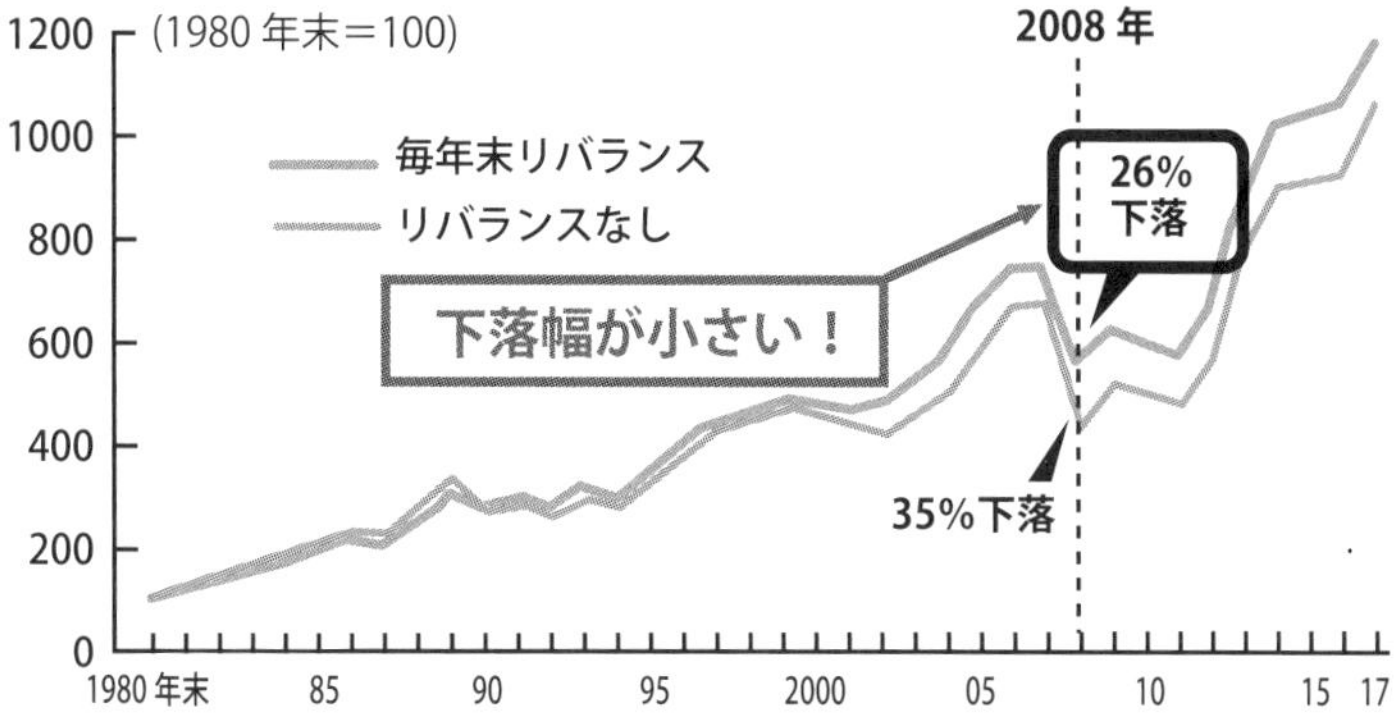

（注）国内外の株と債券４資産に均等投資、代表的な指数で計算、株式は配当込み

https://www.nikkei.com/article/DGXMZO34826170R30C18A8PPE000/ より

験してしまいます。

しかし、こういった状況でもリバランスをしていたらどうなるか。

なんと下落が26％に抑えられているではありませんか。

つまり、マイナスが9％も抑えられているということになります。

9％と聞いても、あまりピンとこないかもしれませんので、金額で考えてみましょう。

仮に2000万円投資していた場合、損失が180万円も抑えられた計算になります。

リバランスをすることで、180万円の損失が抑えられると聞くと、かなり大きいと思いませんか？

それと、1つ思い出していただきたいことがあります。

暴落で受けたマイナスを完全に取り戻すには、そのマイナス以上のリターンが必要でしたね。

というわけで、**たった9%と思うかもしれませんが、その9%があなたの運用成績を大きく左右してしまうのです。** ですから、こういったマイナスの局面であっても、運用をほったらかしにしないできちんとリバランスをするようにしましょう。

そうすることでリスクが抑えられ、リターンが増えるようになります。

リバランスがリスクを抑える理由

それでは、なぜリバランスにはリスクを抑える効果があるのでしょうか。

リーマンショック前の状況を見てみましょう。リーマンショックの前は景気が良く、株価も上昇傾向にありました。もし、あなたがリバランスをしない人だった場合、この上昇局面では株を買うだけ買ってそのままにしていたはずです。

しかし、2008年にリーマンショックが起きて株価が大暴落。すると、リバランスをしていなかった人たちはその暴落の影響をモロに受けることになります。

ところが、リーマンショック前からリバランスを当たり前のようにしていた人たちは、そこまでのダメージを受けていません。それはなぜか？

100年に一度の金融危機は100年に一度の大バーゲンセール

リバランスを実行したということは、**値上がりしている株式を暴落前に一部売却して利益が確定しています。つまり、利益が確定した分に関しては、その後の値下がりリスクがなくなります。**だから、リーマンショックで株価が暴落しても、ダメージを抑えることができたのです。

では、リーマンショック真《ま》っ只中《ただなか》のリバランスはどんな感じだったのか？

当時、外国株は6割も暴落しました。日本株は5割くらい下がり、外国債券もちょっと下がっていました。

しかし、国内債券は、下がるどころか、むしろ値上がりしていました。

つまり、このときのリバランスは、債券が値上がりした分で、値下がりしている株を買ったことになるわけです。

リーマンショックは「100年に一度の金融危機」と呼ばれています。逆に言うと、このときの株価は、**100年に一度の大バーゲンセール価格**だったとも捉えられます。バーゲンですから、安い株式をたくさん買うことができました。その後、株価は上がっていきましたので、安く仕込んでいたものがすべて値上がりしてくれて、利益に大きく貢献してくれました。

ということで、**上昇局面であれ、下降局面であれ、大暴落の最中であれ、年に1回のリバランスを行うことでリスクを抑えることができます。**

ぜひあなたも必ず実践していただければと思います。

そもそも「債券」とは何か？

投資のリスクコントロールを適切に行うには、株式と債券の2大投資対象に分散投資を行うのが必須《ひっす》ということは、もうご理解いただけたのではないでしょうか。

ここでは、そもそも**「債券」とは何か**というお話をしたいと思います。

投資をしたことがない人でも、株式のことは何となく知っているという方が多いと思います。ところが、債券についてきちんと理解している人はあまり多くいません。

これまでの説明でも、債券へ投資することが大事ということは理解できても「そもそも債券が何なのかよくわかっていない」という人がかなりいたのではないでしょうか？

というのも、私たちは普段の生活で債券とほとんど接することがありません。日常会話レベルでも、債券の話題が出てくる頻度は非常に低いため、無理からぬことでしょう。

債券の代表的存在が「国債」

国や企業などの「発行体」が投資家たちから資金を借りるときに発行する債券のうち、代表的なものに**国が発行する「国債」**があります。

債券には、**「満期」**というものが決められていて、満期になると額面金額が投資家に払い戻される**「償還」**が行われます。そのため、満期を償還日とも言います。

発行体は、債券の購入を通して資金を提供してくれた投資家に対し、満期までの期間、定められた利子を支払わなければなりません。その上で、満期になると債券の額面金額を払い戻すということになります。

債券は株式と同じように、いつでも売買することができます。売買するときは、額面金額ではなく、そのときの市場価格で売買することになります。

国債以外の債券としては、地方公共団体が発行する債券、民間企業が発行している「社債」、外貨を対象とする「外債」などがあります。

国債の仕組みをさらに詳しく見てみよう

国債は、国が発行する債券ですが、そもそもなぜ国は債券を発行するのでしょうか？

例えば、私たちが住んでいるこの日本という国。

この国の財政は、黒字か赤字かで言うと、どちらでしょうか。

赤字も赤字、大赤字ですよね。

しかし、赤字のままでは国の運営をしていくことはできません。

国を運営するためにはお金が必要ですから、赤字をそのまま放置していては、国家が破綻してつぶれてしまいます。

そのため、国は皆さんからお金を借りて集めているわけです。

［図29］
債券とは？

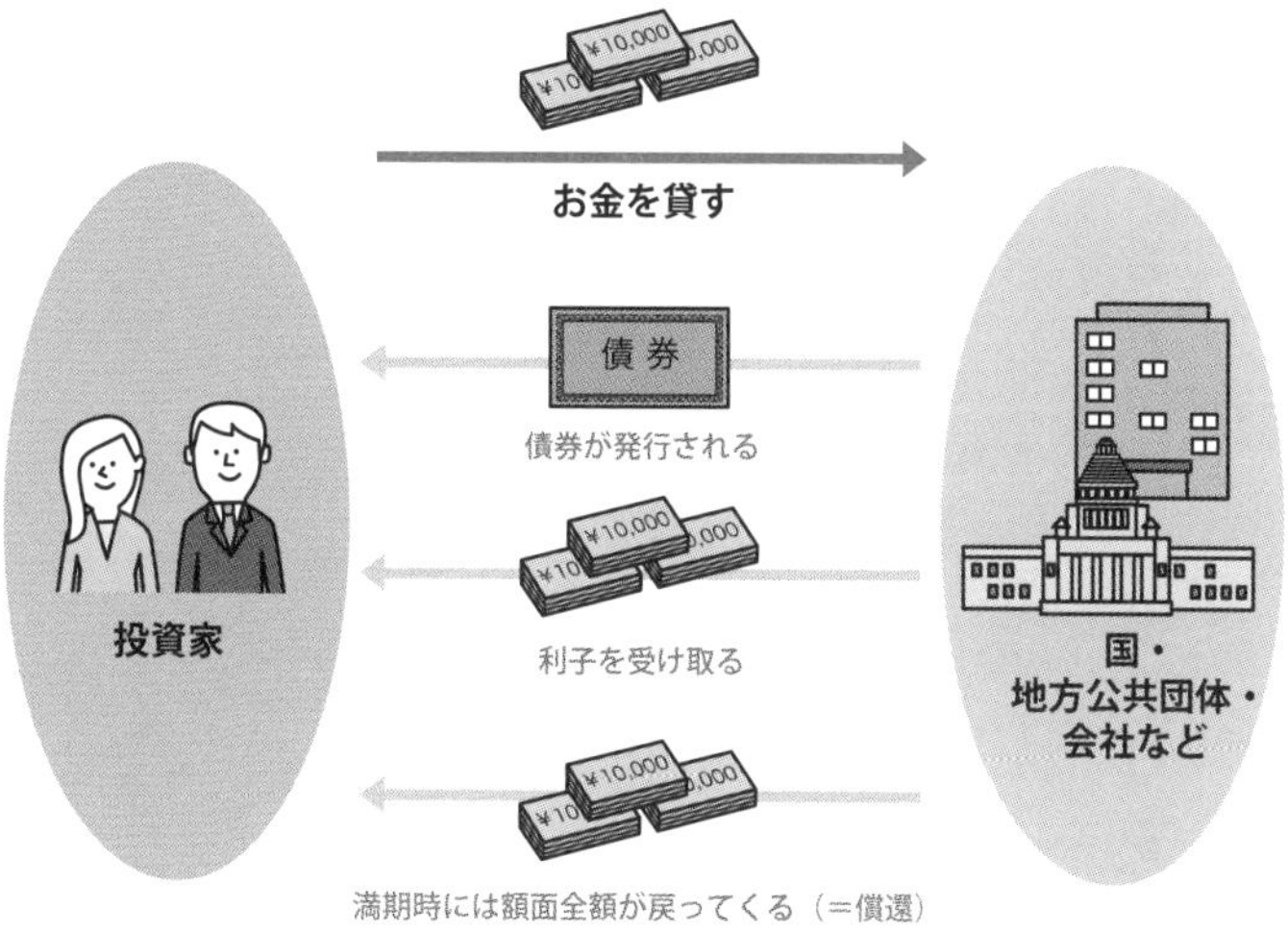
¥10,000
お金を貸す
債券
債券が発行される
投資家
¥10,000
利子を受け取る
国・
地方公共団体・
会社など
¥10,000
満期時には額面全額が戻ってくる（＝償還）

そのお金を借りる時の借用書みたいなものが、国債だと思ってください。

つまり、国債に投資をするということは、国にお金を貸す行為と同様です。

国はお金を借りている立場なので、貸してくれた人、つまり、国債を買ってくれた人にお礼をしないといけません。お礼として半年に1回、利子を支払います。

その利子の金利が銀行預金よりも高いのが特徴です。というのも、銀行預金の金利のほうが高ければ、みんなが銀行に預けますから、誰もお金を貸してくれないということになりますよね。

そして、借りたお金ですから、いつかは返さないといけません。ある一定の期限が来たら最初に借りたお金、国債を買ってもらった時の額面金額をそっくり返さなければいけません。

これを償還といい、その期限を満期（償還日）と言うわけです。

「元本保証」されている債券は安定した金融商品

さて、ここまで読んでこられた方は、もうお気づきかもしれませんが、債券は満期まで持っておけば額面金額が戻ってくるということは、**「元本保証」がされている**ということです。

株式だと元本保証はされていないですよね。つまり、**株式に比べると、債券はリスクの低い、安定した金融商品**だということがわかります。

ただし、リスクが低いということは、すなわちリターンが低いということでもあります。ですので、満期までは利子を受け取ることができますが、その利子もさほど高い利率ではありません。

とはいえ、銀行の預金よりは高いので、多くの人が「銀行に預金するくらいなら……」と債券を買うのです。

株式と債券で万全の体制をとろう

ここでいったん整理しましょう。

◎株式は価格が大きく変動するハイリスク・ハイリターン型の投資対象
◎債券は値動きの安定したローリスク・ローリターン型の投資対象

ハイリスク・ハイリターン型とローリスク・ローリターン型。この2つに分散投資をすることで、**ミドルリスク・ミドルリターンを目指そう**というのが分散投資の基本的な考え方です。そこそこのリスクを負って、そこそこのリターンを得ていこうという考え方です。

［図30］

国内外4資産別ファンドのパフォーマンスの推移（2000年1月〜）

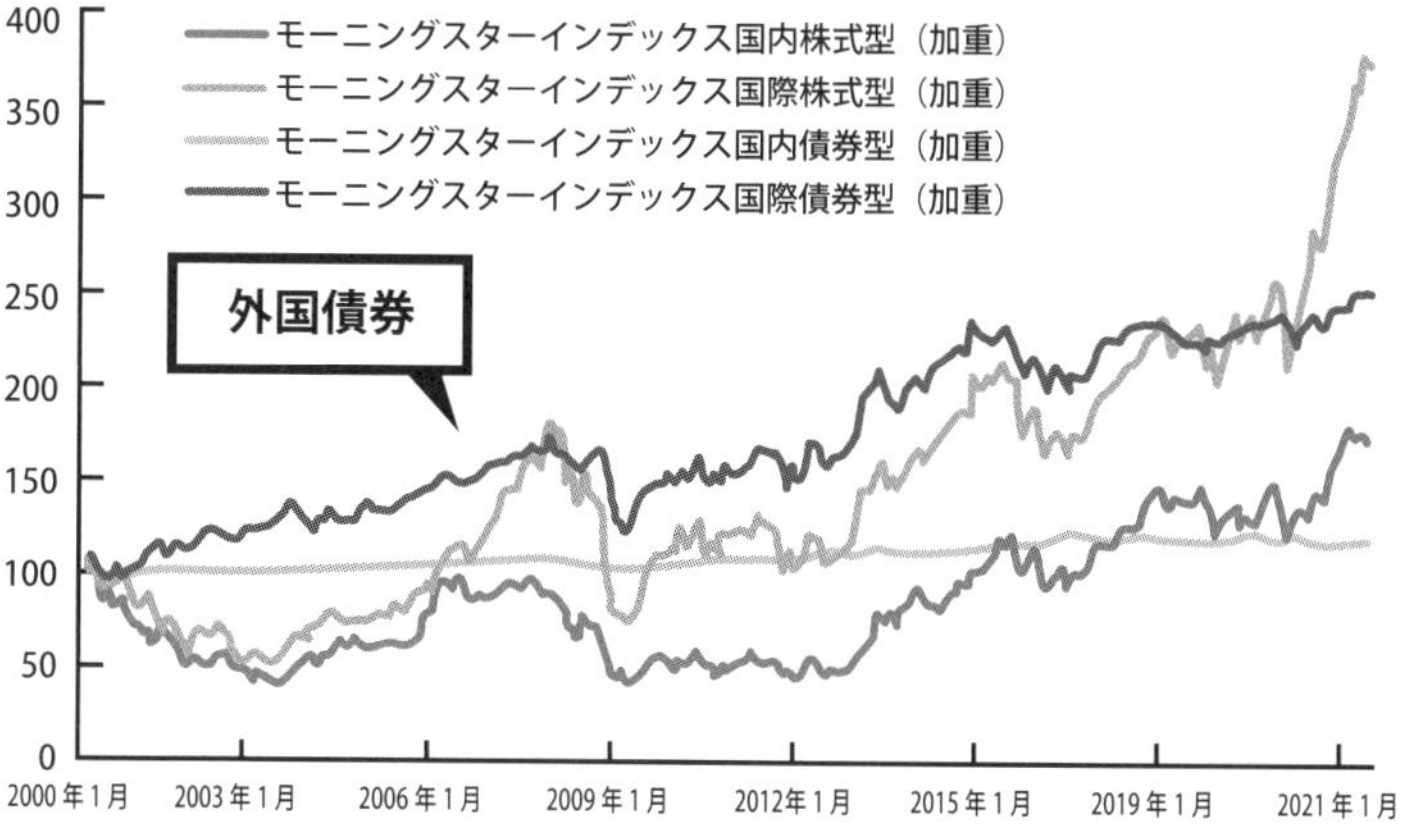

http://www.morningstar.co.jp/market/2021/0819/fund_01391.html より

それでは、上の図30を見てください。

これは２０００年から２０２１年までの国内外の株式と債券の値動きを表したものです。

外国株式がこの21年間でもっとも値上がりをしていますので、外国株式が魅力的に感じるかもしれませんが、その途中経過をよく見てみましょう。

２０００年のＩＴバブル崩壊以降は大幅に元本割れを起こしていますし、２００８年のリーマンショックでも大暴落を起こしていて、元本割れが起きています。

もし、あなたが１０００万円を外国株式に投資していたとしたら、ＩＴバブル崩壊によって500万円ほど下落していることになります。半分に減っているわけです。

その後は上昇していき、1800万円くらいまで増えていますが、**リーマンショックによって、約1000万円吹っ飛び、800万円ほどまで下がっています。元手は1000万円でしたから、200万円のマイナスです。**

それに対して図30の**外国債券の値動き**を見てみましょう。濃いグレーの折れ線です。2000年のITバブル崩壊時はむしろ値上がりしていますし、2008年のリーマンショック時も株式ほどの下落にはなっていません。

グラフを見るとわかりますが、**外国債券は21年もの長期間にわたって、一度も元本割れを起こすことなく、安定して着実に上昇しています。**

複数の国の債券を分散投資する安定効果

このように、株式は、高いリターンが期待できる反面、下がるときはものすごく下がります。それに対して債券は安定感があります。

この2つを組み合わせて分散投資をすることで、あなたの資産はその2つの良いところを兼ね備えた、中間的な運用成績を達成することができるわけです。

債券を購入するときは、日本の債券だけでなく、アメリカの債券など複数の国の債券に分散投資をすることで、より安定感のある運用が可能になります。

「複数の国の債券に投資しろと言われても、難しそうで、できる気がしません!」

こんな声が聞こえてきそうですが、どうかご安心ください。

投資信託を利用することで、いろんな国の債券への分散投資がカンタンに行えます。

それと、**実は注意すべきポイントとして、NISAでは債券を買うことができません。**

ところが、債券で運用する投資信託であれば、NISAで買うことが可能です。

この点については第6章で詳しく解説します。

分散投資のお手本「GPIF」は何をやっているのか？

あなたは、GPIFという独立行政法人をご存じでしょうか（図31）。

GPIFとは、正式名称を年金積立金管理運用独立行政法人といい、厚生労働大臣から寄託された年金積立金の管理・運用を行うとともに、その収益を国庫に納付することによって年金財政の安定に貢献する組織です。

要するに、**私たちの年金を管理・運用してくれている組織**です。

年金財政を司るトップは厚生労働省です。その厚生労働省が管理しているのがGPIFで、厚労省がGPIFにお金を運用してくださいとお願いしている構図になっています。そして、GPIFが運用した結果、得られた収益を厚労省に「これを年金に使ってください」と回しているのです。

［図31］
厚生労働省とGPIFの関係

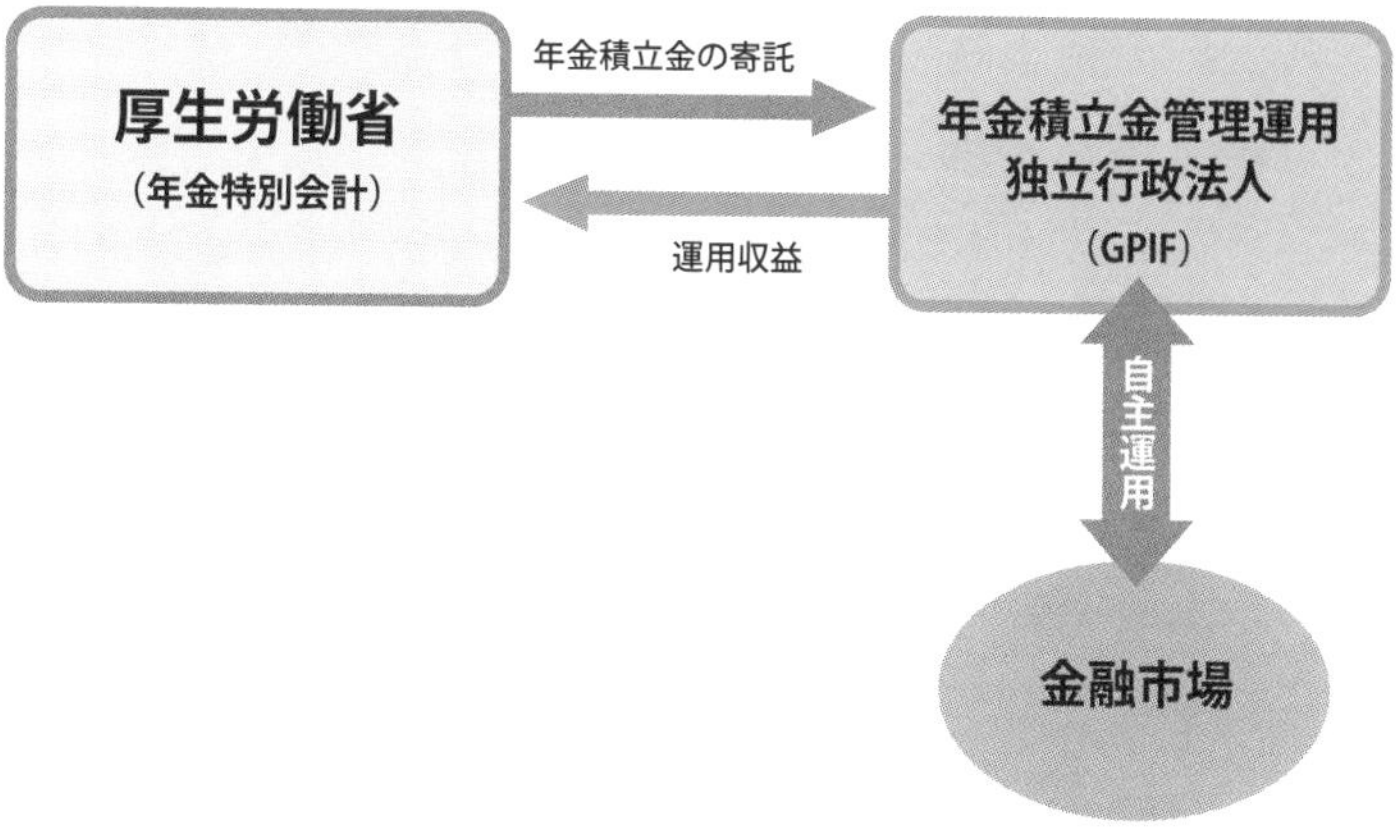

足りなくなる年金を補う仕組みとは？

そもそもなぜGPIFが年金を運用しているのかというと、次のページの図32をご覧ください。

日本の年金制度は賦課《ふか》方式という仕組みを採用しています。

賦課方式とは、今の高齢者、つまり年金を受け取っている世代の年金を現役世代が負担する方式のことです。

ちなみに、その年金の内訳をよく見てみると、現在、高齢者が受け取っている年金

[図32]

年金制度の仕組み

は、そのすべてを我々現役世代の年金保険料で賄《まかな》っているわけではないということがわかります。

その大部分は現役世代の給料の中から払っている年金保険料で賄ってはいますが、基礎年金の給付費の2分の1は税金（国庫負担）で賄われています。

ご存じの通り、現在の日本では、ものすごいスピードで少子高齢化がどんどん進んでいます。

少子高齢化が進むとどういうことが起きるかというと、年金を受け取る高齢者世代の人口が次第に増えていき、その反面で年金保険料を納める現役世代が減っていくこ

とになります。

これは、非常にまずい状況です。

なぜなら、労働人口が減って、年金受給人口が増えるということは、どう考えても年金が足りなくなるからです。

そこで登場するのが、**「年金積立金」**です。現役世代が納めた年金保険料のうち、年金の支払いなどに充てられなかったものが、**将来世代のための貯金**として積み立てられているのです。

GPIFはこの年金積立金を運用して増やしています。

積立金を運用し、今のうちに増やしておいて、将来足りなくなってきたら不足分を積立金から賄う予定です。そういう計画で、年金積立金を運用しているのです。この計画は100年先まで見据えてあります。GPIFのホームページにこのような記載があります。

「2004年に行われた年金制度改正では、保険料水準を将来にわたって固定するとともに、現在すでに生まれている世代が年金の受給を終えるまでの概ね100年間で、

[図33]

100年先まで見据えた「年金積立金」

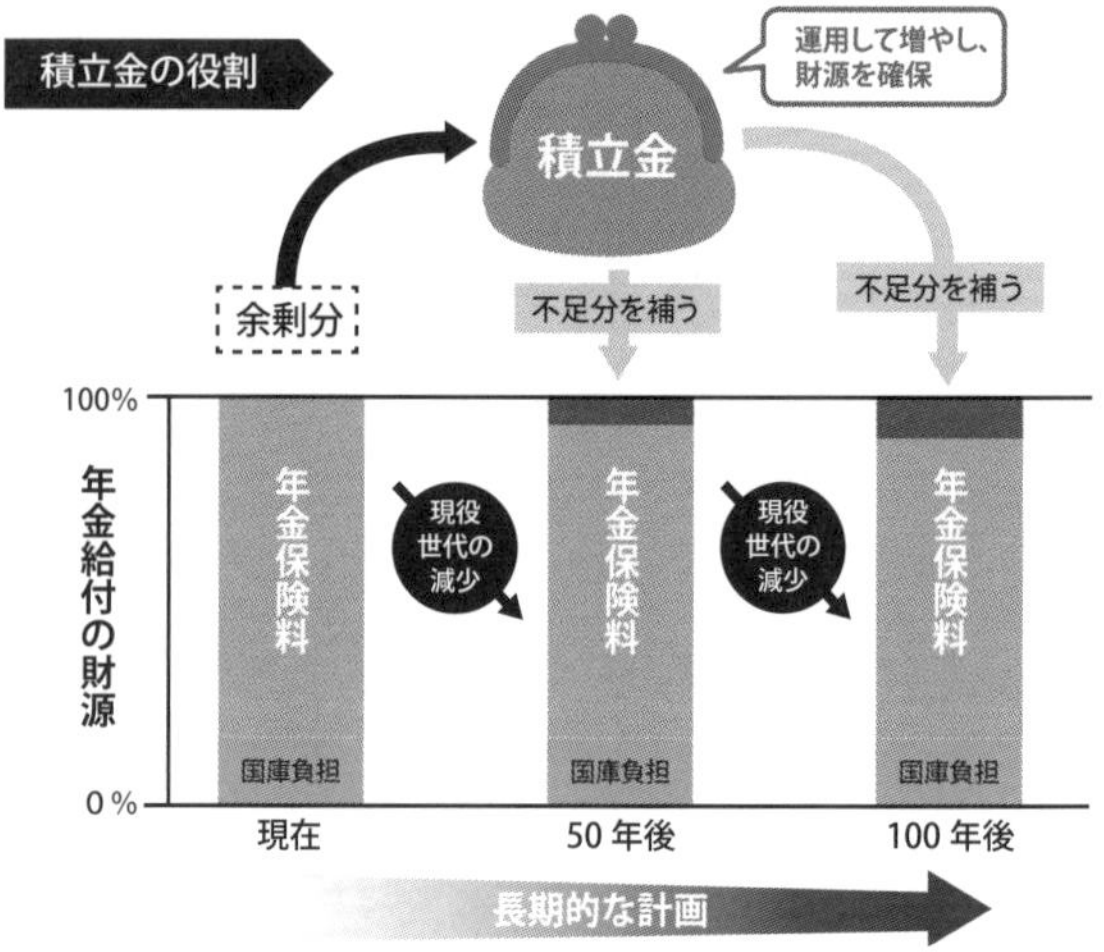

年金財政の均衡を図る方式が導入されました。積立金は年金財政の安定化に活用することとされています。当初は年金給付の一部に積立金の運用収入を充て、一定期間後からは運用収入に加えて、積立金を少しずつ取り崩し、最終的に概ね１００年後に年金給付の１年分程度の積立金が残るよう、積立金を活用していく財政計画が定められています」

このように、１００年先の年金給付まで考慮して、年金積立金の運用を任されている組織がＧＰＩＦなのです。

年金を132兆円も増やしたGPIFの投資法とは？

GPIFが年金の運用を始めたのは2001年からです。2001年から2023年までの運用成績を見てみましょう（205ページの図34上）。

2023年度までの**GPIFの運用資産額は224兆7025億円**。2001年から2023年までの収益率はプラス3・99％（年率）です。

つまり、**年平均3・99％のリターン**ということです。

これを収益額で見てみると、**累積の収益額はなんと132兆4113億円**となっています。運用資産額224兆のうち、利益が132兆円ですから、運用資産額の半分以上は利益です。計算してみると、**元手が2・4倍に増えている**ことがわかります。

ＧＰＩＦのすごさがご理解いただけるのではないでしょうか。

それでは、このＧＰＩＦは、いったいどんな方法で運用しているのでしょうか？

それは、本書で何度も登場している**「分散投資」**なのです。

ＧＰＩＦが実際に行っている分散投資とはどのようなものなのか、見てみましょう。

図34下を見てください。

こちらは、ＧＰＩＦの運用資産額と構成割合を表したものです。

これを見ると、国内株式が24・66％、外国株式が25・14％、国内債券が25・77％、外国債券が24・44％となっています。

つまり、**「国内株式」「外国株式」「国内債券」「外国債券」の4つの投資対象にほぼ均等に25％ずつ投資しています。**

これはまさに本書で紹介してきた分散投資のやり方と全く同じものです。

年金を１３２兆円も増やしてくれたＧＰＩＦが実践している投資法は、シンプルな分散投資だったのです。

あなたもぜひ分散投資を心がけるようにしてください。

GPIFの運用成績と資産クラスの割合

収益率 +3.99%（年率）
収益額 +132.4兆円（累積）

+132兆4,113億円

（兆円）
140
130
120
110
100
90
80
70
60
50
40
30
20
10
0
-10
-20
-30

15%
10%
5%
0%
-5%
-10%
-15%

2001年度 2002年度 2003年度 2004年度 2005年度 2006年度 2007年度 2008年度 2009年度 2010年度 2011年度 2012年度 2013年度 2014年度 2015年度 2016年度 2017年度 2018年度 2019年度 2020年度 2021年度 2022年度 2023年度

- 累積収益額（右軸）
- 四半期別収益率（左軸）

内側：基本ポートフォーリオ
（カッコ内は乖離許容幅）
外側：2023年12月末

外国株式
25.14%
56兆9,157億円

国内債券
25.77%
58兆3,450億円

25%
（±7%）

25%
（±7%）

50%
（±11%）

50%
（±11%）

25%
（±8%）

25%
（±6%）

国内株式
24.66%
55兆8,258億円

外国債券
24.44%
55兆3,277億円

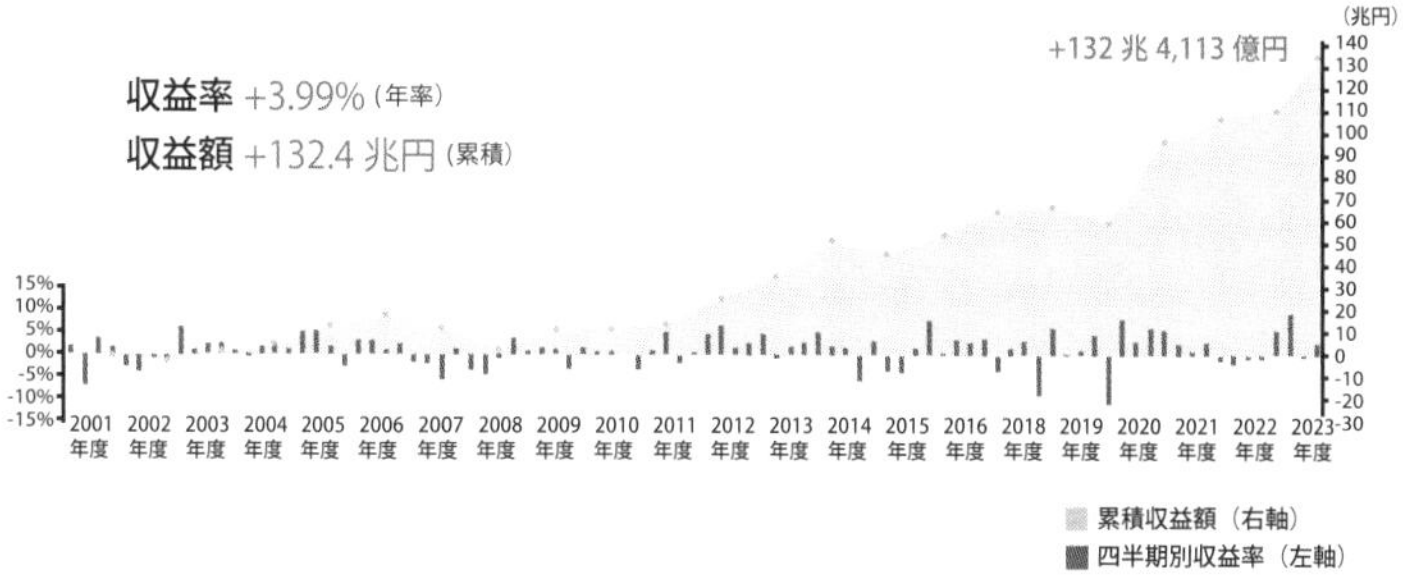

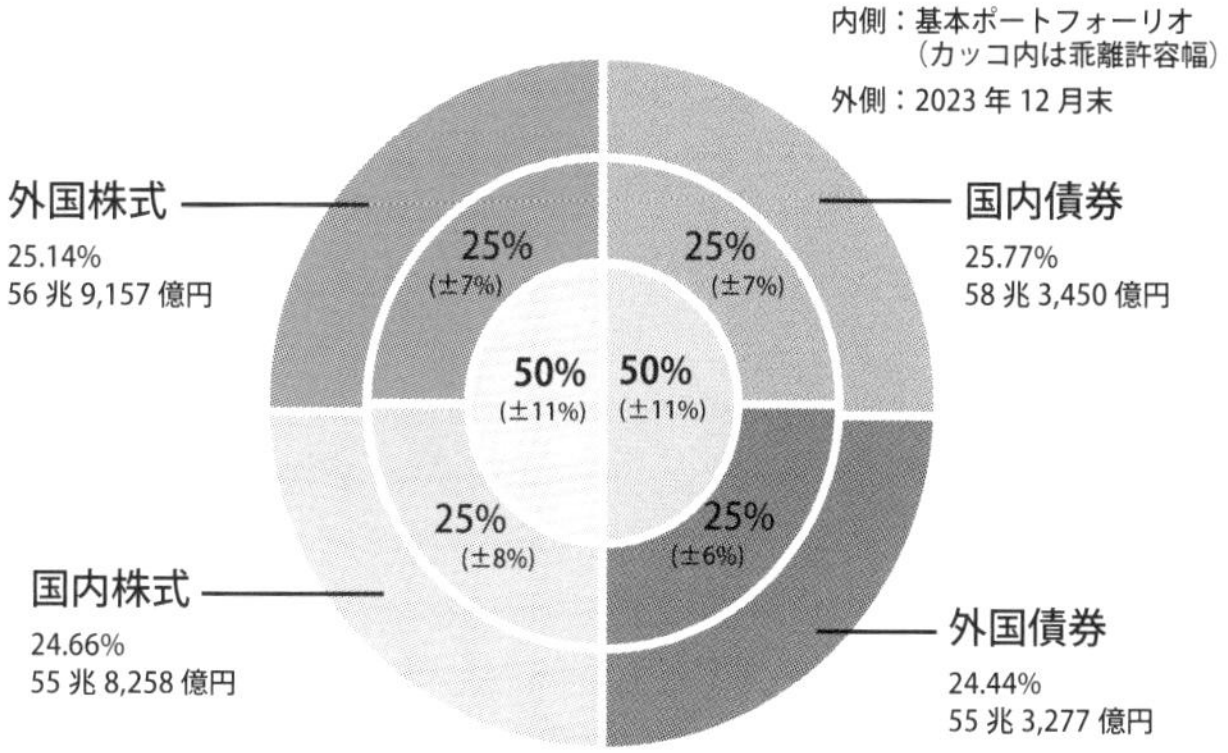

投資には「利子」や「配当金」があることを意識しよう

さて、ＧＰＩＦの運用成績についてもう少し詳しく見てみましょう。

ＧＰＩＦの累積収益額が約１３２兆円でしたが、実はこのうちの50兆５５２９億円は**利子・配当収入**によるものです。利益総額のうち約50兆円が利子と配当収入、１３２兆円からその50兆円を引いた金額が「**キャピタルゲイン**」といって、**株式と債券の値上がりによって得られた利益**になります。

ここで注目していただきたいのが、利子と配当だけで50兆円もの利益があることです。これを「**インカムゲイン**」と言います。

利子と配当は市場が暴落してもどんどん積みあがる！

利子と配当についてはこれまで勉強してきました。

利子は、国債などの債券を買って保有していると受け取れるもの、配当金は株式を買って会社にお金を出してあげた見返りとして、会社の利益の一部を還元してくれるものでした。

ＧＰＩＦは年金を運用する中で、実に50兆円もの利子と配当金を受け取っていたのです。

２００８年のリーマンショックのとき、株価は大暴落を起こしました。累計収益額のグラフを見ても、急降下しています。それでは、まさにそのリーマンショックのときに利子や配当の収入はどうなっていたと思いますか？

実は、利子や配当による「インカムゲイン」のグラフは、リーマンショックのときでさえ「上がり続けていた」のです。

［図35］
利子と配当金のお金の流れ

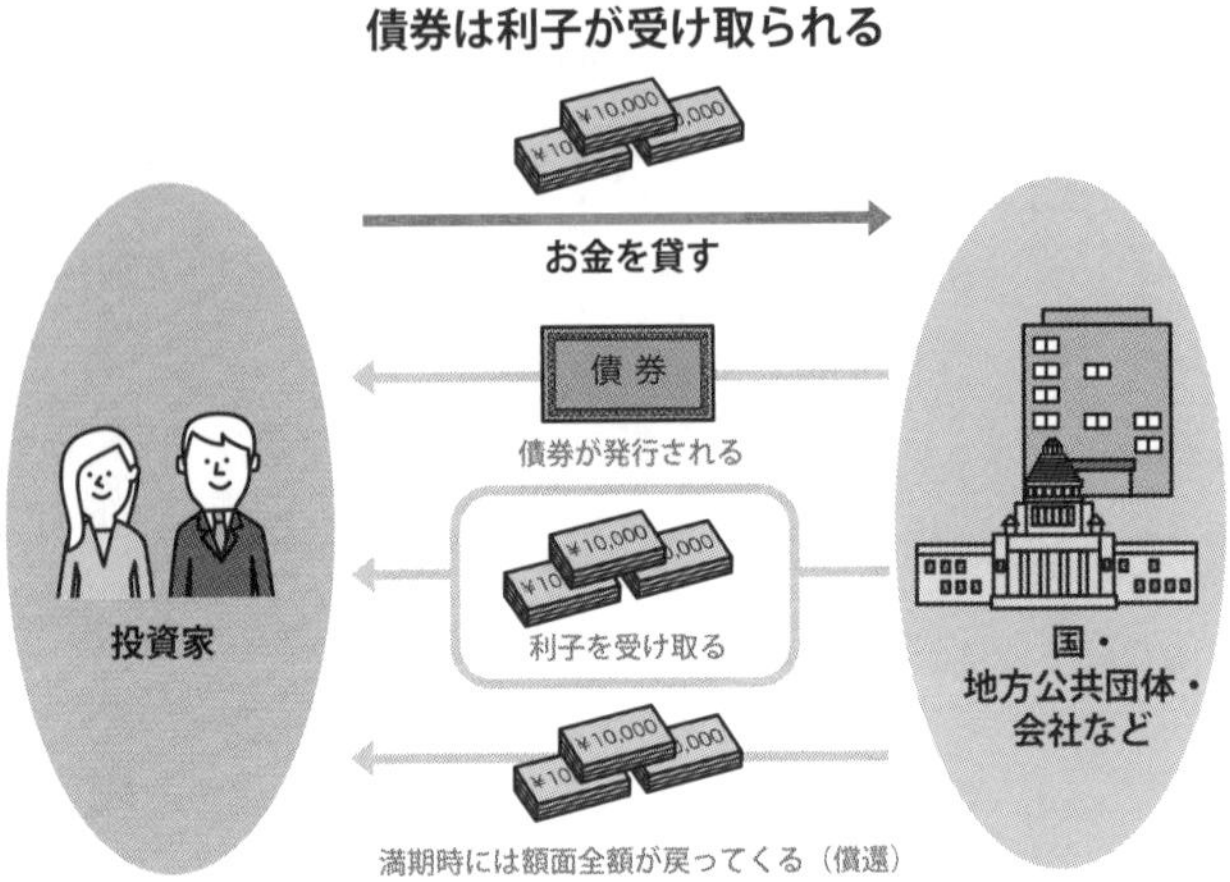
債券は利子が受け取られる
¥10,000
お金を貸す
債券
債券が発行される
¥10,000
利子を受け取る
¥10,000
満期時には額面全額が戻ってくる（償還）
投資家
国・
地方公共団体・
会社など

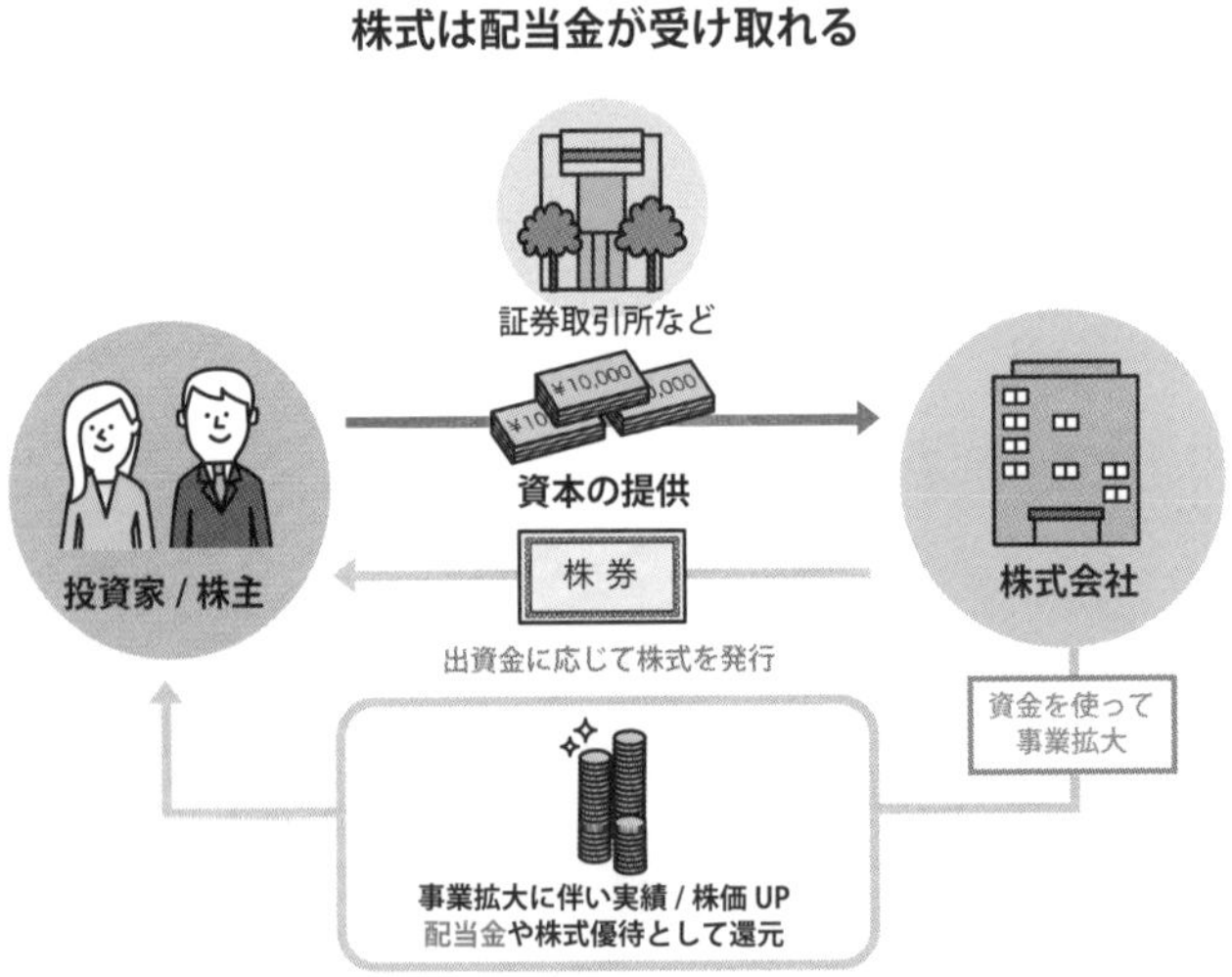
株式は配当金が受け取れる
証券取引所など
¥10,000
資本の提供
株券
出資金に応じて株式を発行
投資家 / 株主
株式会社
資金を使って
事業拡大
事業拡大に伴い実績 / 株価 UP
配当金や株式優待として還元

これはどういうことかというと、リーマンショックのような大暴落が起きると、株価や債券価格が下がることはあります。

ところが、それらの価格が下がったとしても、売却せずに保有し続けていれば、配当金と利子を受け取ることになるので、インカムゲインはどんどん積み上がっていくのです。

多くの方は、投資の利益と聞くと、値上がり益のことをイメージすると思いますが、実は利子や配当金も全然侮れないものなのです。

今後、あなたが投資を始めた場合、必ず下落局面に遭遇すると断言します。常にいつでも上がり続けるということはないわけです。そして、下落局面に遭遇すると、多くの方が怖くなって投資を止めたくなるものです。

しかし、そういうときにはこの利子や配当金のことを思い出してください。

GPIFは利子や配当金で50兆円も稼いだのです。**リーマンショックのようなことが起きても利子や配当金があれば、回復が速くなります。**

このことはぜひ覚えておきましょう。

第5章まとめ

- リスク管理の王道は「債券投資」。
- 債券とは、国や地方自治体、企業などが資金を調達するために発行する借用書のようなもの。
- 債券の購入者は利子を受け取り、満期で元本が返済される。
- 元本が保証されている債券は、リスクコントロールをするのに適した商品であり、株式と並ぶ巨額の投資資金が流入する投資対象。
- 株式が下落する局面では、債券が株式と反対の値動きをしやすいので、株式と債券の両方に分散投資をしておけば、突然の大暴落から受けるダメージを軽減することが可能。
- 私たちの年金積立金を運用するGPIFも株式と債券の分散投資で莫大な収益を上げている。

第6章

50歳からのNISAの始め方

実践ステップと投資銘柄

分散投資がカンタンにできる金融商品が「投資信託」

さて、いよいよ本書も最終章です。ここでは、NISAの始め方として、実践ステップと投資銘柄という具体的な方向から説明していきたいと思います。

この章を読めば、誰でもすぐにNISAでの投資を始めることができます。

これまで、50代以上が投資をするなら、分散投資をしなければならないというお話をしてきました。

しかし、国内外の株式と債券に分散投資をすると言っても、初心者がイチから銘柄を選ぶのは大変です。

知識がなければ、何を買えばいいのかよくわからないですし、間違ったものを買ってしまうかもしれません。

[図36]
投資信託の仕組み

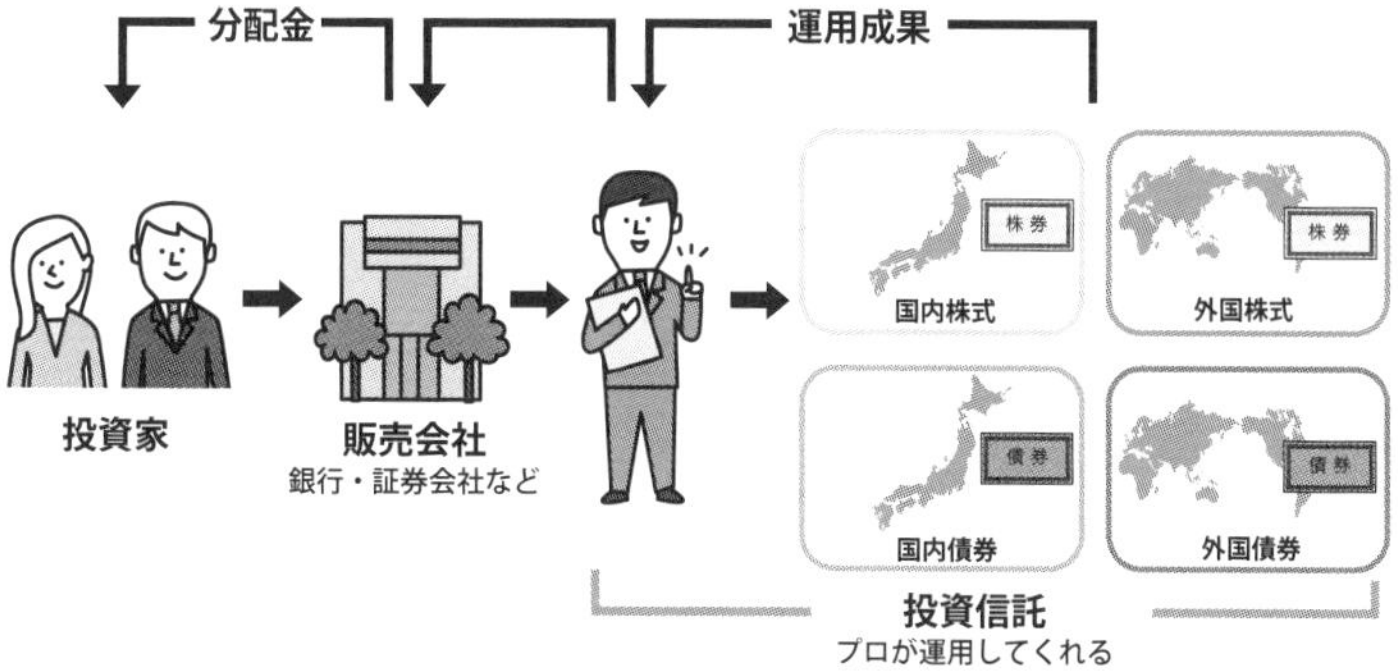

・ほったらかしでいいので楽チン　・積立額の増減や停止がカンタン
・100円から購入できる　・現金が必要なときはいつでも気軽に引き出せる

でも、ご安心ください。

分散投資がカンタンにできる金融商品があるのです。

それが「**投資信託**」です。

投資信託とは、文字通り投資を信じて託しましょうという商品。いったい誰を信じて託すのかというと、図36を見てください。

私たちのお金を投資のプロが運用してくれます。ファンドマネジャーと呼ばれる人たちです。そのプロを信じて託しましょうというのが投資信託なのです。

そして、投資のプロは、いろんな銘柄に分散投資をしてくれます。

つまり、**投資信託を買いさえすれば、自**

然と分散投資をすることになっているというわけです。投資信託を買っておけば、とりあえずはリスクコントロールができてしまいます。

ここでは、投資信託を買うとどんなメリットがあるのかについて、代表的なものを4つ取り上げて解説したいと思います。

投資信託のメリット① ほったらかしでいいので楽チン

投資信託のメリットその①は、「ほったらかしでいいので楽チン」であることです。分散投資をする場合、日本の会社だけでも、200社や2000社といった多くの銘柄に投資をすることになります。

もし、あなたがじぶんで2000社の株式を買おうと思ったらいかがでしょうか？めちゃくちゃ面倒くさそうだし、ものすごく時間もかかりそうですよね。仮に1社あたり1分で買い注文が出せたとしても、ぜんぶで、33時間以上もかかります。おまけに、購入するのは国内の株式だけではありません。

外国の株式も買わなければいけないのです。外国の会社となると、どこの国にどんな会社があるのかさえ、よくわからないという感じではないでしょうか。

このように、分散投資を行うためには、世界中の会社の知識が必要になるだけでなく、ものすごく大変な作業量をこなす必要があります。

でも、投資信託を買ってしまえば、それらの問題は一気に解決します。

投資信託であれば、あなたの代わりに、投資のプロが、銘柄選定から買い注文まで、面倒なことは全部やってくれます。

あなたがすることは何もありません。「ほったらかし」でいいので、とっても楽チンです。趣味の時間や睡眠時間を削って、四季報や海外の株式に関するサイトをじぶんで調べたりする必要もないわけです。

分散投資に必要なことは、プロが全部やってくれます。つまり、どんなに忙しい人でも、手間暇をかけることなく、カンタンに分散投資を始めることができるのです。

これを利用しない手はありません。

投資信託のメリット② 100円から購入できる

投資信託のメリットその②は**「100円から購入できる」**です。

株式投資をやったことがない人にとっては、このことがどれだけのメリットがあるかがピンとこないかもしれません。

株式投資では、通常、ある会社の株を買おうと思っても100円から購入できるということはありません。

株式には、**単元**というものがあります。

単元とは、通常の株式取引で適用される売買単位のこと。

日本の場合、1単元は100株に設定されています。

つまり、最低でも100株からしか購入できないということになります。

金額面で見てみると、東証プライム上場企業の1単元価格は平均で約24万円と言われています。ひとつの銘柄を買うだけで24万円という資金が必要になるわけです。それのため、株式を普通に買おうとすると、それなりの資金が必要になることがわかります。このような状況で、分散投資をするために、2000銘柄を買うなどということが、はたして一般個人にできるでしょうか？

普通はできませんよね。

しかし、**投資信託であれば、100円から購入できます**。100円出すだけで、2000社に投資できるということです。

どういうことかというと、投資信託は、あなたや私を含む多数の投資家がそれぞれお金を出し合うという仕組みになっています。出している金額は人によって違います。100円の人もいれば、100万円の人もいるし、1000万円という方もいます。そうやってみんなで出し合ったお金を集めると、何十億、何百億円という規模になります。

それだけの資金があるので、そのお金を使ってプロが分散投資をしてくれます。だから、一人ひとりの投資家は少ない金額から投資をすることが可能になっているのです。

それぞれが出せる範囲のお金を出すことで、その出した金額に応じた利益を受け取ることができるようになります。

この少ない金額、100円、1000円から投資ができるというのは、かなり大きなメリットです。初心者にとっては、非常にハードルが低くなっていますし、まずは少額から投資を始めてみて、徐々に慣れていくということも可能です。

投資信託のメリット③ 積立額の増減や停止がカンタン

投資信託のメリットその③は、「**積立額の増減や停止がカンタン**」です。

例えば、老後資金を貯めるために保険会社の貯蓄型の保険や個人年金といったものを利用している方ならわかると思うのですが、そういった金融商品は、途中で積立額の増減や停止をすることができません。

保険や個人年金の場合、保険料は契約時に決めた保険料を毎月一定額支払い続ける必要があり、それを増やしたい場合には1口分、別の契約を結ばなければならなかったり、減らしたい場合には一部を解約しなければならなかったり、解約控除というペナルティを科されたりします。

しかし、投資信託ではそんな縛りはありません。

積立額を増やしたり減らしたりといったことが自由にできます。

例えば、給料が上がったときに、少し毎月の積立額を増やそうと思ったら、すぐに増やせます。

それもじぶんの好きな額だけ増やせます。1円単位で設定可能です。

あるいは、子どもが大学を卒業して社会人になったので、じぶんの老後のために積立額を増やそうといったときにも増額できます。

もちろん、積立額の減額や積み立ての停止もあなたが自由にいつでも行うことができます。ペナルティもありません。

コロナ禍で発生した「保険金」の本末転倒ぶり

コロナ禍の最中、私はよくこんな相談を受けていました。

飲食業の方がコロナで大打撃を受けてしまい、「月々の保険料がとてもじゃないが払えなくなってしまった、どうしたらいいのか……」と。

払えなくなると、選択肢としては減額、あるいは解約ということになってきます。

しかし、どちらを選んだとしても、ペナルティが引かれて、払った保険料よりも、戻ってくる解約返戻金は、かなり少なくなってしまうケースが多くあります。

加えて、**解約した場合、死亡保険金がゼロになってしまいます。**

そもそも、保険とは、何のために、加入するのでしょうか？　万一のことが起きたときに、家族がきちんと生活していけるように……と思って、大半の方は加入しているのではないかと思います。

ところが、保険を解約して、死亡保険金がゼロになった状態で、もし万一のことが起きたら、家族を路頭に迷わせてしまうようなことになってしまいます。

経済的に苦しくなって保険料が払えず頭を抱えていた人たちが、コロナ禍において は日本のそこかしこにいたのです。

当時、保険会社の担当者には、そういった困窮している人たちに対して、「保険から借り入れができますよ。保険からお金を借り入れて、そのお金で保険料を払えばいいじゃないですか」とすすめる人もいたようです。

ただ、よくよく考えれば、保険からお金を借り入れて保険料を払っている間に、その人が万一亡くなってしまったら、どうなるのでしょうか。

保険金は遺族が受け取りますが、まるまる受け取れるわけではありません。借りていたお金が差し引かれてしまいます。そうすると、借金を差し引いたら満足な保険金をご遺族が受け取れないという事態も起きかねません。

そもそも経済的に苦しいから保険料が支払えないのに、その保険料を保険から借り入れして支払い、負債がかさんだ結果、いざ本人がお亡くなりになったとき、ご遺族がその借り入れのせいで満足な保険金を受け取ることができない。

これでは本末転倒です。

経済的に困っているから保険料が支払えなかったのに、保険金を満足に受け取れないのでは、困窮した状況が全く改善していません。

だから、私は、**資産運用と保障は分けたほうが良い**と考えています。

資産運用は投資信託で行い、保障は掛け捨ての保険で用意するという方法です。

掛け捨ての保険はとにかく安いので、大半の方は、数百円から数千円程度の保険料で、必要な保障額を確保できます。このくらいの保険料であれば、収入が減っても、なんとか支払いを継続し、家族が安心して暮らしていけるだけの保険金を守りぬくことができるのではないでしょうか。

そして、投資信託は、前述したように、**積立額の変更が自由自在**です。

経済的に困窮して、積み立てをこれまで通りに続けていくことができないなら、経済的に余裕が出てくるまで停止する、または、減額すればいいだけです。

仮に積み立てを突然ストップしたとしても、これまで積み立ててきた運用資産はそのままですから、その資産の価値が上がっていけば、あなたには利益がもたらされます。

積み立てを停止したからといって、すべてがゼロになるわけではないのです。

しかも、減額や停止を行っても、ペナルティは一切なし。

投資信託は、私たちのライフプランの突然の変更に柔軟に対応できる金融商品なのです。

投資信託のメリット④ いつでも気軽に引き出せる

投資信託のメリットその④は、「現金が必要なときはいつでも気軽に引き出せる」です。

例えば、銀行の定期預金や郵便局の定額貯金は、お金を引き出そうとすると中途解約をする必要があり、受け取れる利子が減らされてしまいます。

満期になる前にお金が必要な場合は、中途解約の手続きを取って引き出すしかありません。保険にも、同様のデメリットがあることは、前項でお伝えしました。

途中で現金が必要になった場合は、もっぱら一部または全部を解約しなければならなくなります。

こういった保険や定期預金など、支払ったり、預けたりしたら一定の期間は現金化できないものとは違い、**投資信託はじぶんの好きなタイミングで好きなだけ引き出すことが可能です。**

例えば、あなたが、老後資金のために積立投資を始めて、着実にお金を増やしていったとします。

しかし、突然、車が壊れてしまって修理費用を支払わなければならなくなったり、家電が壊れてしまってすぐに買い替えないといけなくなったり、家族の誰かが病気になってしまって治療費が必要になったり、そういった不測の事態というのはどんな人にも起こりうるものです。

そういったときに、手持ちの現金ではどうしても足りなかった場合、どうすればいいでしょうか？

保険や定期預金を解約するのは、デメリットやペナルティがあるので、なかなか手が出しにくいものです。

投資信託であれば、自由に引き出せるので、その運用資金の一部を現金化してしまいましょう。

もちろん現金化すれば、その分だけ老後資金は減ってしまうかもしれませんが、その後、調整していけば良いかと思います。例えば、経済的に余裕ができたときに、多め（または長め）に積み立てることで取り返したり、保険や定期預金の満期が来たときに、追加投資に回したりすることで調整可能です。

突然の出費に迫られたら、一切ペナルティを受けることなく、好きなだけ引き出して現金化できるというメリット。これは、投資信託ならではのメリットです。

しかも、NISAならば現金化しても非課税ですし、確定申告も不要です。

じぶん年金戦略向きの投資信託3つの条件

さて、これだけメリットの多い投資信託ですが、現在、日本でどれくらいの数が販売されているかご存じですか？

なんと投資信託の商品数は、6000本以上もあるのです。

6000本以上。とんでもない数です。

あなたは、この6000本の中から、じぶんの投資プランにふさわしいものを選ばなければなりません。

「6000本の中から選ぶなんて、無理だよ」という声が聞こえてきそうです。

でも、ご安心ください。

実は、あなたがこれから取りかかる「じぶん年金戦略」に向いている投資信託の数はそれほど多くないからです。

ですから、どういった投資信託がじぶん年金戦略に向いているのか、その条件を学んでいただければ、6000本の中から適切な投資信託を選ぶのはさほど難しくありません。

では、どのような投資信託が、じぶん年金戦略に向いているのか?

今からお話しする3つの条件をすべて満たしているものが、じぶん年金戦略に向いていると思ってください。

逆に言うと、この3つの条件はすべて満たしておく必要があります。

1つだけとか、2つだけ満たしているものは、じぶん年金戦略に向いていませんので、除外してください。

じぶん年金戦略向きの投資信託の条件①「購入時手数料ゼロ円（ノーロード投信）」

じぶん年金戦略に向いている投資信託の条件その①は**「購入時手数料ゼロ円（ノーロード投信）」**です。

投資信託は、いろいろな金融機関で購入することが可能です。

例えば、野村證券、三菱ＵＦＪ銀行、ゆうちょ銀行など、実店舗型の証券会社や銀行、郵便局でも買えます。

それ以外にもネット証券でも当然買うことができます。

しかし、上に挙げた窓口のある実店舗型の金融機関に行って投資信託を買うと、たいていの場合、**購入時手数料**というものがかかります。

この手数料がどれくらい取られるかというと、**購入価格の３％程度**が多いです。

これは消費税を入れると3・3%になります。
たいした金額ではないと感じるかもしれませんが、とんでもありません。

「手数料」は効率的な投資の最大の敵

例えば、あなたが投資信託を100万円分買おうとした場合、3・3%の購入時手数料がかかるとなると、最初の段階で3万3000円が引かれてしまうということです。

そのため、あなたの投資は96万7000円からのスタートになってしまうのです。
これは、**購入時手数料のせいで、最初の段階で元本割れを起こしてしまっている状態**とも言えます。

手数料として引かれた3万3000円分を取り戻すまでに、余計な時間がかかるわけですから、非常に効率が悪くなってしまいますよね。

それから、積立投資をする場合の手数料を見ていくと、例えば、あなたが毎月1万円ずつを積み立てようとするとき、毎月積立時に３・３％の手数料が引かれてしまいます。毎月３３０円引かれるわけです。

どう考えても運用効率が悪いということがわかっていただけると思います。

手数料で引かれた分を取り戻すには半年以上かかる！

そこで、あなたにおすすめしたいのが**「ノーロード投信」**というものです。

ロードというのは日本語で言うと「負担」という意味です。

負担がない、つまり、購入時手数料がゼロ円の投信信託をノーロード投信と言います。

ノーロード投信を選べば、１００万円分の投資信託を買った場合、手数料が引かれることなく、１００万円からスタートできるので、効率良く運用することができます。

96万７０００円からスタートして、それを１００万円まで戻すのに、どれくらいの時間がかかるかを想像してみてください。

年利6％のリターンだとして、100万円まで戻すのに半年以上もかかります。その半年の期間を節約できるわけですから、50代以上で投資を始めようとする人にとっては、手数料のあるなしが運用成績にかなりの影響を与えるということがわかると思います。

じぶん年金戦略向きの投資信託の条件②「インデックスファンドを選ぶ」

さて、じぶん年金戦略に向いている投資信託の条件②は「**インデックスファンドを選ぶ**」です。

まずは、インデックスファンドについて説明する前に、投資信託では購入時手数料以外にも手数料がかかってくるというお話をしたいと思います。

それは「**信託報酬**」というものです。

「信託報酬」は運用している間ずっとかかるコスト

投資信託は、投資のプロが運用してくれる金融商品ですので、そのプロに対する人件費、システムの維持管理費など、さまざまな経費がかかってきます。

そうした経費分を、投資信託を購入する人々が負担しなければなりません。

それが信託報酬と呼ばれる手数料です。

信託報酬は、運用している期間ずっとかかります。

であれば、当然、信託報酬は安いほうがいいですよね。

投資信託の商品によって信託報酬のパーセンテージはまちまちなのですが、ある種類の投資信託は、信託報酬がかなり安いのです。

ある種類の投資信託というのは、**インデックスファンド**と呼ばれるものです。

そもそも「インデックスファンド」とは?

なぜ、インデックスファンドは、信託報酬が安いのか。

そこでまずは、インデックスファンドとは何かという説明をしたいと思います。

インデックスファンドとは、投資運用目標が指数に連動するタイプの投資信託のことです。

指数とは、株式市場全体の値動きを表したものです。たとえば、日経平均株価（日経225）は、日本を代表する、さまざまな業種にまたがった、225の会社の株価の平均を表したものです。その225社を選出しているのは、日本経済新聞社です。

その他、代表的な指数としては、TOPIX、S&P500、MSCIコクサイなどがあります。

インデックスファンドとは、投資運用目標をそういった指数と連動する形で運用される投資信託のことです（図37）。

そのため、例えば日経平均株価と連動しているインデックスファンドは、その投資信託の値段を表す**「基準価額」**が日経平均と連動しています。

日経平均が上がれば、インデックスファンドの基準価額も上がり、日経平均が下がれば、インデックスファンドの基準価額も下がります。

[図37]

インデックスファンドの特徴

投資目標	指数に連動する 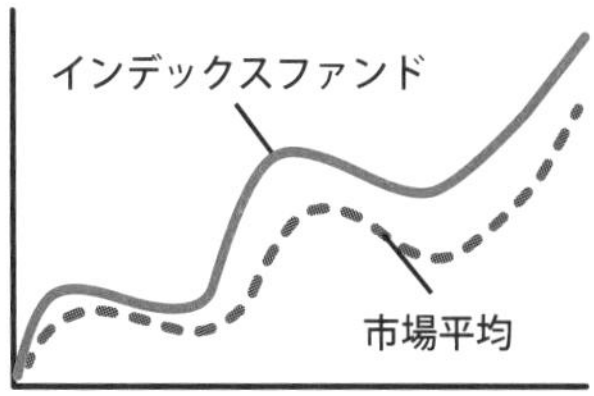
コスト	低い
商品ごとの運用実績	あまり差がない

このような指数との連動ですが、実際に投資のプロはどのようにやっているか、ご存じでしょうか？

インデックスファンドの信託報酬はなぜ安いのか？

まずは次のシーンを想像してみてください。

あなたは運用会社に勤務しています。すると、上司から「日経平均株価に連動するインデックスファンドを作ってくれ」と言われたら、どうしますか？

答えは、単純です。

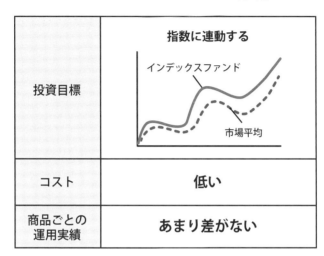

日経平均株価に連動するインデックスファンドを作りたいなら、日経平均株価がどのように算出されているのかをまず調べます。

日経平均株価というのは、さきほどお話ししたように、225銘柄（225企業の株式）の平均でしたよね。ということは、その平均を算出する元になっている225社に投資をすれば、日経平均と連動することになります。

要するに、特定の指数に連動しているインデックスファンドは、指数を構成している銘柄に投資すればいいだけですから、作るのがとても簡単です。

これがもし、指数を上回るリターンを目指す投資信託を作る場合だと、投資のプロたちがしなければならない作業はグンと増えることになります。

例えば、たくさんの会社に訪問して、社長にインタビューを行い、本当に投資すべき価値があるのかどうかをリサーチしたり、相場を見て、いつが売り時でいつが買い時なのかをチェックしたりなど、かなり煩雑な作業が必要になります。そのぶん経費がかかりますので、どうしても信託報酬は高くなってしまいます。

ところが、インデックスファンドなら、指数に連動させればいいので、やることが単純ですので、コストが少なくて済みます。

そのため、**インデックスファンドなら「信託報酬が安く抑えられる」**わけです。

インデックスファンドは数多くの運用会社が出しています。例えば、三菱ＵＦＪアセットマネジメント、ニッセイアセットマネジメント、ＳＢＩアセットマネジメント、アセットマネジメントＯｎｅなど、他にも、たくさんの運用会社がインデックスファンドを出しています。

それでは、それらの運用会社が日経平均株価に連動するインデックスファンドを作るのに何をしているかと言えば、やっていることは同じで、日経平均を構成している225銘柄を買っているだけなのです。

どの運用会社も同じ225銘柄を買っているわけですから、運用成績にはほぼ差はありません。

運用成績に差がないのなら、できるだけ信託報酬が安いところのインデックスファンドを買うほうが、あなたの受け取ることのできる手取りが増えます。

そのため、インデックスファンドの選び方はとっても簡単です。

信託報酬が最低水準のものを選ぶだけです。

とってもシンプルですよね。インデックスファンドは初心者向きと言われることがよくあるのですが、その理由のひとつは、このように選び方がカンタンだからです。

これがじぶん年金戦略に向いている投資信託を選ぶときの第二の条件です。

じぶん年金戦略向きの投資信託の条件③「信託期間が無期限のものを選ぶ」

じぶん年金戦略向きの投資信託を選ぶときの条件その③は「**信託期間が無期限のものを選ぶ**」です。

投資信託には、**信託期間**というものがあります。

これは、「満期」のようなものだと思ってください。定期預金や貯蓄型の保険、国債にも満期がありますよね。

投資信託の運用がスタートする日のことを**設定日**、運用が終了する日のことを**償還日**と言います。信託期間の終了と同時に、その投資信託は償還されることになります。

そのため、中長期的に資産を形成したいと思っている人が、償還日までが短い信託期間の投資信託を購入するのは本末転倒になってしまいます。

すでに、気になっている投資信託がある場合、購入する前に信託期間は必ずチェックするようにしましょう。

特にじぶん年金戦略で投資信託を買おうとしている方は、なおさら信託期間をよく見てください。

これから10年、20年、30年という長期間の運用をして、将来的にはそこから取り崩そうと考えているのに、信託期間が短く、例えば半年後に運用終了というふうになってしまっては困りますよね。

おまけに、満期になって運用が終了してしまっていることに気づかないまま放っておいたら、お金は全く増えてくれません。時間だけが無駄に過ぎていくだけです。**投資信託を選ぶ際には、信託期間が「無期限」のものを選んでください。**

そうすることで、ずっと運用できますから、じぶん年金戦略を安心して続けることができます。65歳から95歳までのような長い期間の投資に対応できるようになります。

いかがでしたか？

この3つがじぶん年金戦略向きの投資信託の必須条件になります。

これからじぶん年金戦略に基づいて投資信託を選ぶ際には、ぜひここで紹介した3つの条件を「すべて」満たしているものを選ぶようにしてください。

どれか1つだけ満たしているとか、2つは満たしているけど、信託期間が短いといったような投資信託は選んではいけません。

3つの条件を満たした投資信託を資産クラスごとにピックアップする

さて、じぶん年金戦略に向いている投資信託を選ぶ3つの条件がわかったら、次にそれらの条件を満たした投資信託を資産クラスごとにピックアップしていきましょう。

資産クラスごととは、分散投資の基本の4つの対象のことです（図38）。

❶国内株式、❷外国株式、❸国内債券、❹外国債券

この4つです。これらを**資産クラス**と呼びます。

4つの資産クラスごとに、投資信託を選ぶ3つの条件すべてを満たしているものを選んでください。

［図38］
3つの条件を満たした投資信託を各資産クラスごとにピックアップ

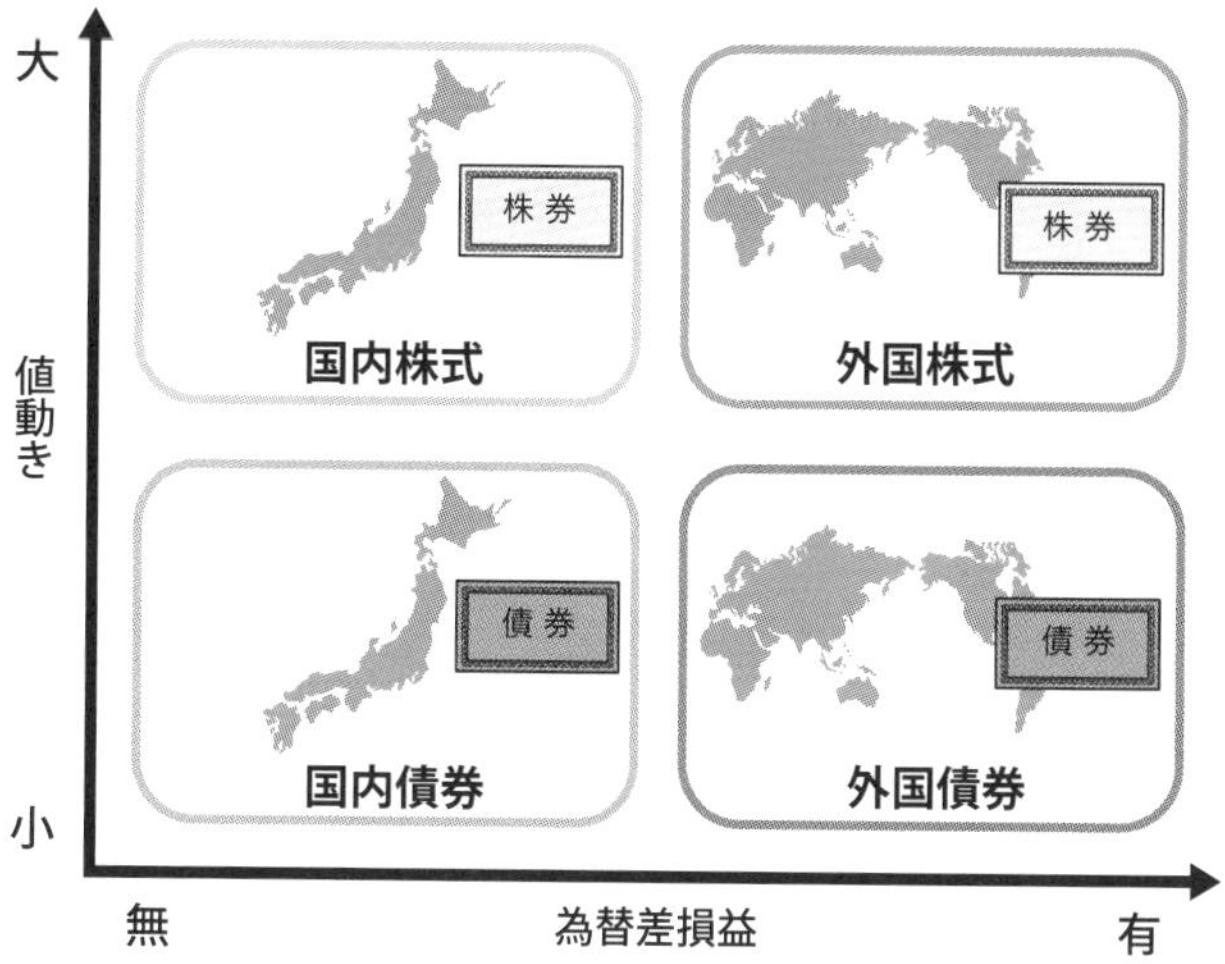

例えば、国内株式という資産クラスの投資信託を選ぶ場合にはどうしたらいいかというと、以下のように行います。

①国内株式で運用している投資信託の中からインデックスファンドを選ぶ
②その中から購入時手数料がゼロのものを選ぶ
③その中から信託報酬が最低水準のものを選ぶ
④最後にその中から信託期間が無期限のものを選ぶ

これらの順番は前後してもかまいません。

3つの条件を満たした投資信託の探し方ですが、**「投資信託のウエルスアドバイザー」**というサイトのファンド詳細検索を利用すると、わりと簡単に絞り込むことができます。あるいは、金融機関のホームページにも、投資信託のスクリーニング機能があったりしますので、それを利用するのも良いと思います。

そして、国内株式の投資信託を選ぶことができたら、続いて国内債券、外国株式、外国債券と同じように3つの条件を全部満たしている投資信託を選んでいってください。

資産クラス別のベストな投資信託はこれ！

初心者の方が最初から自分で選ぶのは大変かもしれません。そこで、今回はあらかじめそれらの条件に合っている投資信託を4本、ピックアップしておきましたのでご紹介します（図39）。

国内株式では**「eMAXIS《イーマクシス》 Slim《スリム》国内株式（TOPIX《トピックス》）」**です。これは、三

［図39］

資産クラス別のベストな投資信託

資産クラス	商品名	運用会社	信託報酬（税込）
国内株式	eMAXIS Slim 国内株式（TOPIX）	三菱 UFJ	0.1430%
外国株式	eMAXIS Slim 先進国株式インデックス	三菱 UFJ	0.09889%
国内債券	eMAXIS Slim 国内債券インデックス	三菱 UFJ	0.1320%
外国債券	eMAXIS Slim 先進国債券インデックス	三菱 UFJ	0.1540%

菱ＵＦＪアセットマネジメントが運用しているもので、信託報酬は０・１４３０％。このパーセンテージは、投資信託の信託報酬としては最低水準ですので、覚えておきましょう。

かなり安い信託報酬ですので、おすすめです。

安いと言われても、あまりピンとこないかもしれませんが、私が投資セミナーで講師をやり始めた２０１０年頃、インデックスファンドの信託報酬は０・５％くらいが当たり前でした。そのときでさえ、「めちゃくちゃ安い！」と思われていたのが、いまや０・１４３０％です。

3分の1以下ですから、とんでもなく安くなっているということがお分かりいただけるかと思います。

外国株式については「eMAXIS Slim先進国株式インデックスファンド」、国内債券は「eMAXIS Slim国内債券インデックス」、外国債券は「eMAXIS Slim先進国債券インデックス」がおすすめです。

さて、4つの投資信託を例として挙げましたが、これらはすべてeMAXIS Slimという商品です。なぜなら、各資産クラスにおいて圧倒的にeMAXIS Slimがおすすめだからです。

eMAXIS Slimという商品には、この商品ならではのすごい特徴が2つあります。

次のページからはeMAXIS Slimの「おすすめポイント」をご紹介します。

eMAXIS Slimの特徴とは？

4つの資産クラスで選ぶ投資信託の代表的銘柄としてご紹介したeMAXIS Slimですが、こちらの商品には注目すべき独自の特徴が2つあります。

まず、1つ目の特徴が**「業界最低水準の運用コストを将来にわたって目指し続けていること」**です。

これはいったいどういうことでしょうか？

例えば、eMAXIS Slim国内株式（TOPIX）の場合、2024年2月現在の信託報酬は0・1430％でした。ところが、競合他社が信託報酬の値下げをして、そちらのほうが安くなったとします。

そのときは「そこまで値下げするように努力します」というのです。

ｅＭＡＸＩＳ Ｓｌｉｍは２０１７年2月27日に発売されたのですが、その後、信託報酬がどのように推移していったかというと、何度も値下げしてきています。

なぜ、三菱ＵＦＪアセットマネジメントがこれだけ値下げをしてきたかというと、他の運用会社が信託報酬を下げたり、あるいは最安の新商品を投入したりしてきたからです。

投資信託業界も各社が生き残りをかけて競争が激化しています。

他社が値下げするたびに、三菱ＵＦＪアセットマネジメントも値下げをしてきている。そういう実績があることに意味があります。

なぜなら、ここまで値下げを繰り返してきているということは、これからも将来にわたって他社が値下げをしたら、ｅＭＡＸＩＳ Ｓｌｉｍも値下げしてくれるだろうという期待が持てるからです。

途中で商品を変えるのは難しい？

ＮＩＳＡで投資信託の積み立てをする場合、途中で商品を別のものに変えることは不可能ではありませんが、いろいろと面倒が伴います。

例えば、買い替えようと思っても、ＮＩＳＡには年間上限額が定められているため、複数年にわたって買い替え作業を行う必要が出てくることもあります。

また、買い替えたい商品が、別の金融機関でしか取り扱いがない場合、ＮＩＳＡ口座をその金融機関に変えるとなれば、手続きにも手間と時間がかかります。

できることなら、いったん積み立て始めたら、そのまま同じ金融機関で同じ商品で積み立て続けるほうが、手間暇もかからないし、ＮＩＳＡの非課税の恩恵を最大化できます。

eMAXIS Slimは、その点、これまで何度も信託報酬を値下げしてきてくれているので、将来的に「信託報酬が高いままだから、別の商品に積み立て先を変えたい」となる確率は低いはずです。

そのまま持ってほったらかしにしていても、業界最低水準の信託報酬を維持してくれるなら、ｅＭＡＸＩＳ Ｓｌｉｍを選んでおけば楽チンということになります。

実は、このｅＭＡＸＩＳ Ｓｌｉｍが発売される前は、投資をしている人たちは大変でした。

なぜかというと、信託報酬が安い商品が出るたびに、そちらに乗り換える作業をしている人が多かったのです。私もそのうちの1人です。

今まで保有していたものを売って買い替えるという作業は、非常に面倒くさいものでした。ｅＭＡＸＩＳ Ｓｌｉｍは、そういう煩わしい手間暇から私たちを解放してくれた画期的な投資信託なのです。

投資額が増えるほど信託報酬が割り引きされる！

2つ目の特徴が、**「受益者還元型信託報酬率を採用していること」**です。

受益者還元型信託報酬率とは、一定の純資産総額を超過した部分により低い信託報酬率が適用されるというもので、すべての受益者に適用されます。要は、私たちが投資しているお金が増えれば増えるほど、信託報酬を割引してくれるという制度です。

［図40］
eMAXIS Slimは“受益者還元型信託報酬率”を採用！

受益者還元型信託報酬率とは、一定の純資産総額を超過した部分に、
より低い信託報酬率が適用されるもので、全ての受益者に適用されます。

純資産総額	5,000億円未満の部分	5,000億円以上 1兆円未満の部分	1兆円以上の部分
信託報酬率 （税込・年率）	0.09372%	0.09306%	0.09240%

●純資産総額に応じた実質的な信託報酬率のイメージ

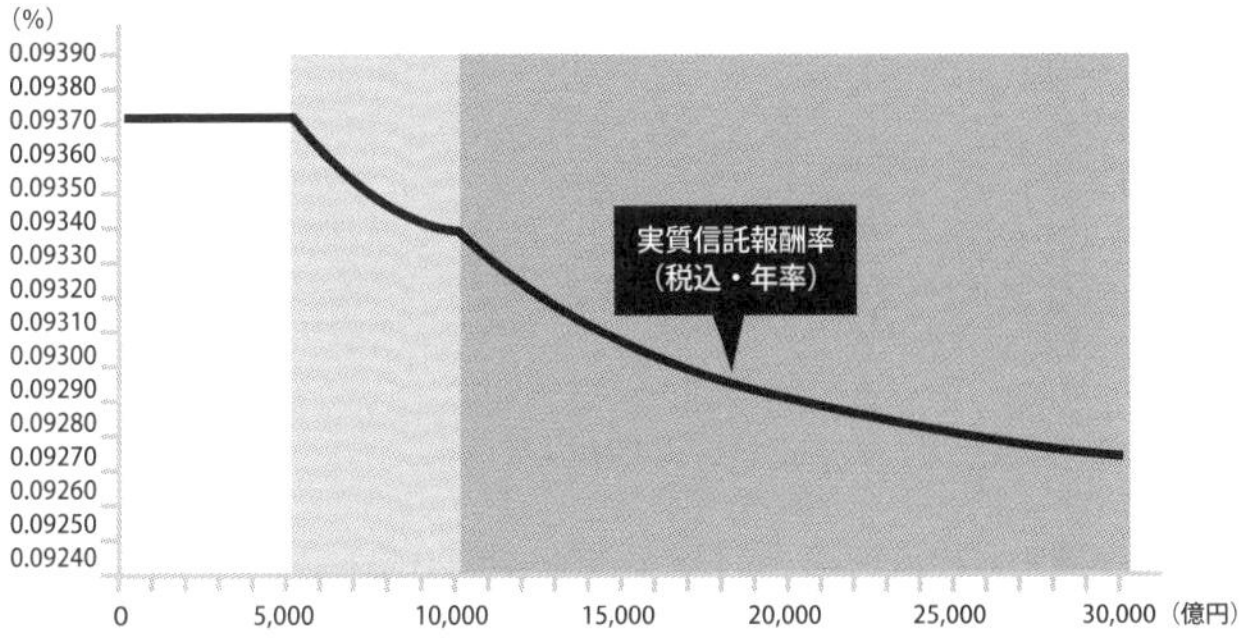

三菱UFJアセットマネジメント資料より著者作成

あなたがいくら投資しているかは関係ありません。

投資している全員分のお金が5000億円超えたらとか、1兆円を超えたらといった基準を満たせば、信託報酬を割引してくれるというわけです（図40）。

割引されれば、投資している全員がその恩恵を受けられるという、皆が嬉しい素晴らしい制度です。

分散投資の比率はどのように決めるべきか？

50代以降の「じぶん年金戦略」に基づいて分散投資をする場合のおすすめの4つの投資信託について紹介しましたが、次にあなたが決めなければならないのが、**それら4つの投資信託に、どのような「比率」で投資資金を配分すればいいのか**という問題です。

この配分には個人差があります。なぜなら、どのような配分にするかで、リスクとリターンが変わってくるからです。

多くの方は、リターンにばかり目がいってしまうと思います。でも、長期投資で最も大事なことは、文字通り、長期で続けることです。長く続けるためには、投資信託が値下がりしたときに、耐える必要があります。

あなたは、どれくらいの損失に耐えられそうですか？

おそらく、初心者の方だと**「そんなこと言われても、よくわかりません！」**という感じでしょう。そこで、今回は、**50代の方が分散投資をする際の最適な配分例**をご紹介します。

◎国内株式……25％
◎外国株式……25％
◎国内債券……15％
◎外国債券……35％

「全部25％ずつじゃないの？」と思った方もいらっしゃるかもしれませんが、国内債券を15％に減らして、外国債券を35％に増やしています。

ただ、株式と債券の比率でいえば「50対50」になっています。

なぜ、この2つの投資対象を50対50にするかというと、投資の世界では次のような考え方があります。

「債券の比率はじぶんの年齢と同じくらいにしておくのがいい」

なぜ、債券の比率をじぶんの年齢と同じくらいにしておくのがいいかというと、人は歳を重ねるごとに保守的になっていく傾向があるからです。

20代、30代、40代でバリバリ働いている方であれば、仮に投資しているお金がマイナスになったとしても、日々の生活には困らないですよね。

毎月の給料で生活していけるわけですし、マイナスを取り戻すまでの時間的な余裕も十分ありますから、リスクが高くても、ハイリターンが期待できる株式の比率が多くても問題ないかと思います。

しかし、50代になると、定年退職までの年数をどうしても意識するようになりませんか。早期退職を検討している人もいるでしょうし、役職定年で給料がガクッと下がったという方もいるかもしれません。そうなると、投資で大きな損失を被《こうむ》るのは怖い

[図41]

50代に最適な配分例

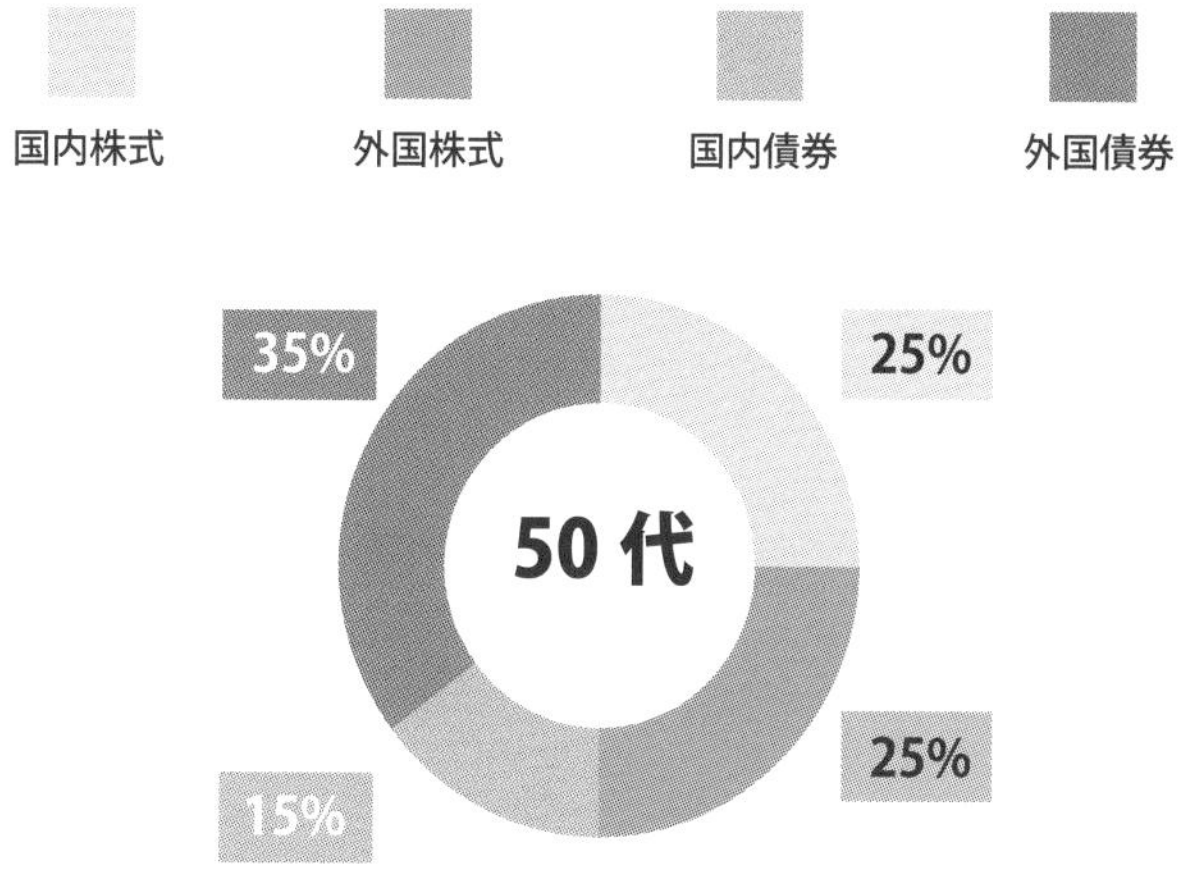

株式50: 債券50

資産クラス	商品名	運用会社	信託報酬（税込）	比率
国内株式	eMAXIS Slim 国内株式（TOPIX）	三菱 UFJ	0.1430%	25%
外国株式	eMAXIS Slim 先進国株式インデックス	三菱 UFJ	0.09889%	25%
国内債券	eMAXIS Slim 国内債券インデックス	三菱 UFJ	0.1320%	15%
外国債券	eMAXIS Slim 先進国債券インデックス	三菱 UFJ	0.1540%	35%

と感じるようになる方が多いのが事実です。

そして、実際に定年退職を迎え、年金暮らしになり、貯蓄を取り崩しながら生活しているという状況の中で大きなマイナスが出たら……いったいどうなるでしょうか。精神的に耐えられないという人もたくさん出てくるはずです。

中には、怖くて怖くて夜も眠れませんという人もいるでしょう。

そうなっては困りますから、年を重ねていったら、株式よりもリスクの低い債券を多めに配分して安定的な運用に切り替えていくのがおすすめなのです。

だから、50代の方なら債券を50％（株式50％・債券50％）、60代の方なら債券60％・株式40％というふうに債券の比率を上げていくのが望ましいわけです。

これが20代から40代であれば、株式の比率を高めてよりハイリターンが期待できる配分にしてもいいでしょう。

リスク許容度によって比率は変えていい

前項で挙げた50代の方が分散投資をする際の最適な配分例ですが、**絶対にその比率を守ってくださいというわけではありません。あくまでも目安です。**

ご自身のリスク許容度に応じて、比率は自由に変えていただいて構いません。

リスク許容度は、あなたの収入、貯蓄、年齢、性格などに応じて変わってきます。大きな損失にも耐えられそうであれば、より高いリターンが狙《ねら》えるように株式が多めの比率にしてもいいですし、そうでないならリスクを抑えた安定運用ができるように債券が多めの比率にする……というように調整してみてください。

最適な配分例で運用した場合のリターンは何%か？

ちなみに、先ほど私が挙げた最適な配分例で運用していた場合、**過去20年間は平均リターンが6・1%**でした。

これは、本書の序盤でお話ししたのと同じ年率ですが、そこでご紹介した例が、まさにこの比率での資産運用の結果だったのです。ですから、この比率で分散投資を行えば、年利6・1%くらいのリターンが期待できるのではないかということです。

というわけで、いざ実際に投資を始める場合は、まず、じぶんの毎月の積立額を決めて、それが1万円ならそれを前述の比率に分けて、それぞれの投資信託で積み立てしていきましょう。

積み立ての設定は最初に一度行うだけで、あとは、自動で毎月銀行から引き落としをしてくれます。金融機関によっては、クレジットカード決済にも対応しているので、これを利用すれば、毎月知らず知らずのうちにポイントが貯まってお得です。

新NISAで注意すべきポイント

2024年から始まった新NISA。

投資の利益が非課税になる素晴らしい制度ですが、いくつか注意点がありますので、説明しておきます。

新NISAには2つの枠がある

1つは「つみたて投資枠」、もう1つは「成長投資枠」です。

この2つの枠は、旧NISAでは併用できませんでしたが、新NISAからは併用することができるようになりました。つまり、どちらも使うことができるということです。

2つの枠には上限額が設定されています。

何の上限かというと、**「利益を非課税で受け取ることのできる投資額の上限」**です。

上限額は、全体の上限額と、年間投資可能額の上限額があり、**つみたて投資枠の年間投資可能額は120万円、成長投資枠の年間投資上限額が240万円**となっています。

1年間に投資可能な上限額は合計360万円ということになります。

そして、**2つの枠を合わせた全体の上限額が1800万円**です。

そのうち成長投資枠の上限は1200万円までと決められています。

つまり、NISAの2つの枠を合わせた上限額1800万円のうち、1200万円を成長投資枠で使った場合、つみたて投資枠に投資できる額は600万円になるということです。

全体の上限が1800万円までですので、仮に1年間に360万円の上限まで投資をした場合、5年間で上限額に到達する計算になります。

成長投資枠を1円も使わないということであれば、1800万円のすべてをつみたて投資枠に使うことが可能です。

つみたて投資枠では「債券型投資信託」を運用できない

さて、あなたはＮＩＳＡに2つの枠があるということを知ったわけですが、この2つの枠をどのように使ったらいいと思いますか？

ここでは、その点についてご説明しておこうと思います。

2つの枠を使い分けるときにポイントになるのが、それぞれの「投資対象商品」です。投資の対象となる商品のことですね。

実は、つみたて投資枠と成長投資枠で投資対象商品が微妙に異なります。

まず、つみたて投資枠のほうは、長期の積立・分散投資に適した一定の投資信託が投資対象商品です。これらは金融庁の基準を満たした投資信託に限定されています。

つみたて投資枠で買うことのできる具体的な商品は、2024年2月時点で280

本しかありません。

投資信託は全部で6000本以上存在しているのですが、そのうちの280本だけがつみたて投資枠で買うことができるものになっています。

なぜ、そんなに少ないかというと、金融庁が定める要件を満たす、長期的な資産形成に適している投資信託だけに限定されているからです。

金融庁の主な選定基準は以下です。

◎主たる投資の対象資産に株式を含むこと
◎販売手数料ゼロ（ノーロード）
◎信託報酬が一定水準以下
◎信託契約期間が無期限または20年以上

選定基準を見ると、「主たる投資の対象資産に株式を含むこと」という要件があります。そのため、**つみたて投資枠の注意点としては、債券型の投資信託は対象外とな**

っています。ここがひとつの最重要ポイントです。

つまり、**債券だけで運用する債券型の投資信託は、つみたて投資枠では買えない**ということになります。なので、これまで紹介した「eMAXIS Slim先進国債券」「eMAXIS Slim国内債券」といった銘柄は、つみたて投資枠では投資できないということになります。

成長投資枠なら債券型の投資信託も購入可能

それに対して、成長投資枠の対象商品を見ると、上場株式、投資信託などが対象になります。こちらも条件があり、信託期間20年未満で毎月分配型の投資信託やデリバティブ取引を用いた一定の投資信託などは除外されます。

信託期間が短い銘柄、また、毎月分配型の投資信託は、長期的な資産形成に適していないということで除外されています。

デリバティブ取引のような「レバレッジ」と呼ばれる、借入金で投資を行うことができる仕組みのある金融商品もリスクが高いため対象外になっています。

これらは、金融庁が私たちの資産を守るため、長期投資に向かない商品や、リスクの高い商品に対して成長投資枠では投資ができないようにしてくれているのです。

ただし、**つみたて投資枠に比べると選べる商品は多いです。成長投資枠では2024年1月現在2150本の投資信託が対象になっています。**

どの商品が対象なのかを調べる方法は簡単です。つみたて投資枠の対象商品届出一覧は金融庁のホームページからダウンロードできます。成長投資枠の対象商品一覧は、投資信託協会のホームページからダウンロードできます。

ちなみに、成長投資枠では、じぶん年金戦略に向いている4本の投資信託、eMAXIS Slim国内株TOPIX、eMAXIS Slim国内債券インデックス、eMAXIS Slim先進国株インデックス、eMAXIS Slim先進国債券インデックスのすべてが投資対象となっています。

成長投資枠なら、債券型の投資信託も買えるということを覚えておきましょう。

［図42］

「つみたて投資枠」と「成長投資枠」の違い

	つみたて投資枠	併用可 成長投資枠
非課税保有期間	無期限	無期限
制度（口座開設期間）	恒久化	恒久化
年間投資枠	120万円	240万円
非課税保有限度額（総枠）	1,800万円	
		1,200万円（内数）
投資対象商品	長期の積立・分散投資に適した一定の投資信託〔金融庁の基準を満たした投資信託に限定〕	上場株式・投資信託等※
対象年齢	18歳以上	18歳以上

※①整理・監理銘柄②信託期間 20年未満、毎月分配型の投資信託およびデリバティブ取引を用いた一定の信託等を除外
（注）2023年末までに、つみたてNISAおよび一般NISAの口座において投資した商品は、2024年1月以降はNISAの外枠で管理され、2023年までのNISA制度における非課税措置が適用されます

つみたて投資枠対象：280本 (2024年1月4日時点)

		国内	内外	海外
公募投信	株式型	50本（31本）	27本（2本）	75本（31本）
公募投信	資産複合型	5本（2本）	113本（36本）	2本（1本）
ETF		3本（0本）	——	5本（0本）

( ) 内の数字は届出開始当初（2017年10月2日）の商品数

https://www.fsa.go.jp/policy/nisa2/products/20240104/28.pdf

投資総額が1200万円以内の場合の投資戦略

NISAには、つみたて投資枠と成長投資枠の2つの枠があり、それぞれ投資対象商品が異なります。

そのため、2つの枠は同時に併用可能ではあるものの、本書で紹介している50代以上の投資初心者がじぶん年金戦略を採るということを踏まえると、具体的な枠の使い分けについて理解しておく必要があります。

2つの枠の使い分けをする際にポイントとなるのが**「投資総額」**です。投資総額というのは、これから積み立てする金額をすべて合計したものになります。

今後、あなたが積み立てをしていき、その積み立ての合計額、つまり投資総額が1200万円以下になる予定であれば、成長投資枠だけで積み立てをするのが良いでし

ょう。

なぜかというと、**成長投資枠では株式型の投資信託だけでなく、債券型の投資信託も買うことができるからです。** じぶん年金戦略に向いている4本の投資信託がすべて買えるわけです。

また、積み立てだけでなく、まとまったお金を一括で投資することも可能です。

例えば、臨時収入が入ってきたり、親の預金を相続したときなどに、そのお金で投資信託をスポット購入することができますので、とても使い勝手が良いといえます。

では、投資総額の1200万円を、50代の方が分散投資をする際の最適な配分例に当てはめて考えてみましょう。

投資総額が1200万円の場合の分散投資比率

投資総額が1200万円の場合の内訳は以下のようになります。

［図43］

投資総額が1200万円以内の予定であれば成長投資枠だけ利用

例）総額で1200万円投資する場合

資産クラス	商品名	比率	積立総額	預かり区分
国内株式	eMAXIS Slim 国内株式 (TOPIX)	25%	300万円	成長投資枠
外国株式	eMAXIS Slim 先進国株式インデックス	25%	300万円	成長投資枠
国内債券	eMAXIS Slim 国内債券インデックス	15%	180万円	成長投資枠
外国債券	eMAXIS Slim 先進国債券インデックス	35%	420万円	成長投資枠

◎国内株式　25％　300万円
◎外国株式　25％　300万円
◎国内債券　15％　180万円
◎外国債券　35％　420万円

投資総額がこの金額以内になるようであれば、成長投資枠のみで積み立てを続けてください。

例えば、積立額が月1万円の場合は、以下のように振り分けて、積み立ての設定を行ってください。

◎国内株式　25％　2500円
◎外国株式　25％　2500円

◎国内債券　15％　1500円
◎外国債券　35％　3500円

積み立てたい金額は人それぞれ違うと思いますので、あなたの希望する積立額に応じて振り分けて、4本とも成長投資枠で積み立てをする設定を行ってください。

以上が投資総額1200万円以下の場合の枠の使い方になります。

投資総額が1200万円を超える場合については、次項で紹介します。

成長投資枠では個別株も購入可能

ちなみに、**成長投資枠**では、**投資信託だけでなく**、**個別株も購入可能**です。

ただし、「整理銘柄および監理銘柄」は対象外になっています。整理銘柄とは上場廃止の決まっている会社の株式のことで、監理銘柄は上場廃止の恐れがある会社の株式のことです。

ちなみに、個別株は上級者向けです。知識や経験だけでなく、時間も集中力も必要な投資です。ですので、初心者の方は、まず手間暇のかからない投資信託で着実な資産形成を行うところから始めていただければと思います。

最後に成長投資枠についての考え方をまとめておきましょう。

①投資総額が1200万円以内なら成長投資枠のみで運用する
②債券型の投資信託は成長投資枠でしか買えない
③成長投資枠は積み立てだけでなくスポット購入も可能

投資総額が1200万円を超える場合の投資戦略

それでは、つみたて投資枠はどのように活用したらよいのでしょうか。

そもそもつみたて投資枠とは、2023年までの旧NISAにおける「つみたてNISA」を引き継いだ枠のことです。

長期・積み立て・分散投資に適していると金融庁が定めた基準を満たした金融商品だけが投資対象となっています。

つみたて投資枠では「債券型の投資信託」が買えない！

第4章でNISAを活用した分散投資術「2ステップ方式」をご紹介しましたが、

覚えていますか？

ステップ①は**「10年以内の積み立てをする」**でしたよね。

そう聞くと「それならつみたて投資枠を優先したほうがいいのでは？」と考える方が多くいらっしゃいます。

しかし、**つみたて投資枠では、購入できる投資対象商品が成長投資枠よりも少ないので、実は優先すべきは「成長投資枠」**です。

それでは、つみたて投資枠はどのような場合に使えばいいのでしょうか。

まず、**投資総額が1200万円を超える場合にだけ使うようにするというのが基本的な方針です。というのも、つみたて投資枠では債券型の投資信託が買えないからで**す。

本書で紹介している「じぶん年金戦略」に基づいた投資法は、分散投資をすること、それも株式と債券に50対50で投資をしてリスクコントロールをするということが土台になっています。

そのため、債券型の投資信託を買うことができないつみたて投資枠は優先されません。

ただし、投資総額が1200万円を超える場合は、株式型の投資信託をつみたて投資枠に割り振ることによって、新NISAの非課税枠をフルに活用することができます。

投資総額が1800万円の場合の分散投資比率

NISAで総額1800万円を本書で紹介している投資法で運用するには、具体的にどのような比率で投資をすればいいのかについて整理しておきます（図44）。

【投資総額1800万円の内訳】

◎国内株式　25％　450万円

↓つみたて投資枠で投資

◎外国株式　25％　450万円

［図44］

投資総額が1200万円を超える場合はつみたて投資枠も併用

例）総額で1800万円投資する場合

資産クラス	商品名	比率	積立総額	預かり区分
国内株式	eMAXIS Slim 国内株式（TOPIX）	25%	450万円	つみたて投資枠
外国株式	eMAXIS Slim 先進国株式インデックス	25%	450万円	つみたて投資枠
国内債券	eMAXIS Slim 国内債券インデックス	15%	270万円	成長投資枠
外国債券	eMAXIS Slim 先進国債券インデックス	35%	630万円	成長投資枠

↓**つみたて投資枠で投資**

◎国内債券　15％　270万円

↓**成長投資枠で投資**

◎外国債券　35％　630万円

↓**成長投資枠で投資**

このような分け方になります。

成長投資枠の合計が900万円、つみたて投資枠の合計も900万円になりますので、どちらも上限の範囲内に収まっています。

ここで注意したいのが、成長投資枠の上限は1200万円ですが、だからといってつみたて投資枠の上限が600万円ではないということです。

つみたて投資枠の上限は1800万円です。つまり、**つみたて投資枠だけでNISAの上限額すべて使いきってもいいいということになります。**

ただ、たびたび述べているように、**つみたて投資枠では債券型の投資信託を購入することができませんので、本書で紹介している投資法を採用するならば、成長投資枠を優先してください。**

積立額が月1万円の場合、毎月の積み立ての設定は以下のように行ってください。

◎国内株式　25％　2500円→つみたて投資枠
◎外国株式　25％　2500円→つみたて投資枠
◎国内債券　15％　1500円→成長投資枠
◎外国債券　35％　3500円→成長投資枠

総額1800万円の投資をする場合、毎月の積立額が月1万円であることはないと思いますが、ここではわかりやすさを重視して1万円で計算してみました。

投資総額が1200万円以内なら成長投資枠のみで投資をする。
投資総額が1200万円超であれば2つの枠を併用する。

投資を始める前にこのルールをきちんと確認しておきましょう。

リバランスの具体的なやり方

投資を開始したら、あとは年に1回リバランスをしていくだけです。

「リバランスが大事なのはわかりましたが、実際のやり方が分かりません！」という方が多いかと思いますので、具体的なやり方を解説しますね。

前提条件として元手100万円を、国内株式25万円（25%）、外国株式25万円（25%）、国内債券15万円（15%）、外国債券35万円（35%）という配分で分散投資を開始したとします。

1年後、年率6%のリターンで評価額が106万円に増えてくれたとしましょう。6万円プラスになると嬉しくなると思いますが、ここで、106万円の内訳を見てみます。

国内株式と外国株式はそれぞれ4万円ずつ増えて29万円になっています。それに対して国内債券と外国債券はそれぞれ1万円ずつ減って、国内債券は14万円、外国債券は34万円になっています。

比率を見てみましょう。

国内株式29万円（27・4％）、外国株式29万円（27・4％）、国内債券14万円（13・2％）、外国債券34万円（32％）というふうに、投資を始めた1年前に比べると、比率が変わっています。

この比率を元に戻すことがリバランスです。

リバランスの手順

では、どのようにして比率を戻すのか、その手順をお話ししていきます。

まずは、現在の評価額を確認します。

先ほど、お伝えしたとおり、１０６万円です。

次に、電卓を用意します。

現在の評価額である106万円に元の比率を掛けます。

たとえば、国内株式だと元の比率は25%なので、106万円に25%を掛けると、答えは26万5000円になります。

同じように他の3つも計算すると、外国株式26万5000円、国内債券15万9000円、外国債券37万1000円になります。

つまり、**106万円の内訳がこの金額になるように調整すれば、元の比率に戻るわけです。**さっそく調整していきましょう。

まず、国内株式を見てみると、現在の評価額は29万円なので、2万5000円売却すれば、26万5000円になります。外国株式の評価額も29万円なので、2万5000円売却すれば、26万5000円になります。国内債券の評価額は14万円なので、1万9000円買付すれば、15万9000円になります。外国債券の評価額は34万円なので、3万1000円買付すれば、37万1000円になります。

これでリバランス完了です。

複雑そうに感じる人もいるかもしれませんが、やっている作業は、この2ステップだけです。

①現在の評価額に元の比率を掛ける
②計算した答えの金額になるように売買する

慣れれば10分で終わりますよ。

リバランスのメリットをおさらいしておくと、値上がりしている株式を売却するということは、利益を確定させるということになります。

その後の値下がりリスクを抑えることにつながります。

そして、その利益分のお金で、値下がりしている債券を買付するということは、安いものをお買い得なうちに仕込むことが出来るということです。

その後、値上がりしていくときに、安く仕込んでいたものが利益に貢献してくれます。**ぜひ、リバランスは年に1回行うようにしてください。**

[図45]

リバランスの具体的手順

商品分類	商品名	元手 100万円	比率
国内株式	eMAXIS Slim 国内株式 (TOPIX)	25万円	25%
外国株式	eMAXIS Slim 先進国株式インデックス	25万円	25%
国内債券	eMAXIS Slim 国内債券インデックス	15万円	15%
外国債券	eMAXIS Slim 先進国債券インデックス	35万円	35%

評価額 106万円	比率	リバランス	評価額 106万円	比率
29万円	27.4%	2.5万円売却	26.5万円	25%
29万円	27.4%	2.5万円売却	26.5万円	25%
14万円	13.2%	1.9万円買付	15.9万円	15%
34万円	32%	3.1万円買付	37.1万円	35%

NISAを開設する金融機関はどこがいいのか？

ここからは、いよいよ実際に投資を始めるにあたり、NISA口座を開設する金融機関をどう選んだらいいいかという話をしていきます。

金融機関を選ぶ際に押さえるべきポイント

NISA口座を開設する金融機関を選ぶ際に、押さえておきたいポイントがあります。

まずは、前に述べたように、**NISA口座は1人につき1口座しか開設できません。**

ただし、**金融機関の変更は可能で、年ごとの変更になります。**

今すぐに金融機関を変えたいと思っても、実際に金融機関が変わるのは来年の頭からということになります。

ですから、仮に最初に選んだ金融機関に気に入らない点が出てきたら、手続きはやや面倒ですが、ＮＩＳＡ口座を別の金融機関に変更することは可能です。

そのため、最初の段階ではあまり悩みすぎずに決めてしまってもいいでしょう。

後で金融機関を変更するような面倒なことはしたくないという方は、事前にじぶんが買おうとしている**投資商品**を販売している金融機関を選び、あなたが金融機関に求めている条件を満たしているかをよくチェックしてから開設しましょう。

おすすめの証券会社5社を比較する

金融機関を選ぶ際に、念頭に置いておくべき条件があります。

それは、**「あなたが買いたいと思っている投資商品が、その金融機関にあるのかどうか」**です。この条件を念頭に置かずに探そうとすると、銀行や証券会社は無数にあるため、いつまでも候補を絞れなくなってしまいます。

求める投資商品を扱っている金融機関から絞っていくほうがスムーズに探すことができるのでおすすめです。

本書ではeMAXIS Slimの4商品をご紹介しましたので、ひとまずこの商品を扱っている会社を探してみましょう。

eMAXIS Slimのホームページを見てみてください。

ホームページを見ると、eMAXIS Slimを販売している金融機関は37社存在していることがわかります。この37社から絞っていけば、楽にあなたにぴったりの金融機関を選ぶことができます。

ここでは、37社の中から私がおすすめの5社をピックアップして、図46にまとめてみました。**SBI証券、楽天証券、auカブコム証券、マネックス証券、松井証券の5社**です。

どれも有名なネット証券ですが、それぞれに「できること」と「できないこと」があります。

［図46］

おすすめの5社

理由	SBI証券	楽天証券	auカブコム証券	マネックス証券	松井証券
100円から買える	○	○	○	○	○
任意の銀行から自動引き落とし可能	○	○	○	○	○
ボーナス増額	○	○	○	○	○
クレカ積み立て	○	○	○	○	×
保有残高ポイント	○	△	○	○	○
自動リバランス	×	×	×	×	○

なぜ、この5社を私がおすすめするのか？

それには理由が6つあります。

次項からは、その6つの理由について一つひとつ解説していきます。

私がこれらの5社を選んだ理由を知ることで、あなたもそれを頼りにじぶんにぴったりの証券会社を探せるようになるはずです。

金融機関を選ぶポイント①

100円から買える

50歳からNISAを始めるにあたり、おすすめする金融機関として、SBI証券、楽天証券、auカブコム証券、マネックス証券、松井証券の5社を私がピックアップした理由について説明していきます。

まず、1つ目は「**100円から買える**」ということです。本章の冒頭で、投資信託のメリットとして、100円から買えるという話をしました。ところが、これは、どの金融機関でも100円から買えるという話ではありません。1万円からしか買えない金融機関もあります。

今回、ピックアップした5社は100円から購入可能です。投資信託が1本100円から買えるというのは、素晴らしいメリットです。というのも、1万円からしか買えない場合、４本の投資信託に分散して積み立てするためには、最低でも月４万円が必要になります。月４万円の積み立てができない方は、分散投資が行えないということになってしまいます。

１００円から買えるなら、月４００円で分散投資が可能です。月１０００円出せば、50代の方が分散投資をする際の最適な配分例での積み立てができます。

まずは最初に月数千円からのお試し投資もできますし、じぶん年金のところで説明したように65歳からの取り崩し金額から逆算して、毎月の積立金額を算出するときに、１００円以上１円単位で積立金額を決められるので無駄がなくなります。

「ここまで読んできて投資のことは理解できたけど、それでもまだ怖い気持ちがあります！」という方であれば、まずは、月々１０００円から積み立ててみて、様子を見てから徐々に金額を増やしていくという方法もありだと思います。

そういう人にとっては、１００円から積み立てられるのは非常に好都合です。

100円から買えるからリバランスがしやすい

100円から買えることで得られる、もう1つの大きなメリットがあります。

それは「**リバランスがしやすい**」ということです。

分散投資を行っていると、それぞれの商品ごとにバラバラの値動きをしますので、最初に決めた比率からズレが生じます。

値上がりしているものを売却して利益を確定し、そのお金で値下がりしているものを買っておく「リバランス」を行って、比率を元に戻すことがリスクコントロールとして非常に高い効果を発揮してくれるという話をこれまでしました。

100円から投資信託が買えるなら、当然リバランスも100円以上1円単位で行うことができるので、リバランスがしやすくなります。

もし、最低購入価格が高ければ、リバランスができないケースも出てきます。たとえば、元の比率に戻すために、5000円買い増しする必要があるときに、1万円からしか買えないとなったら、リバランスを実行することができません。それに対して、100円から買えると、容易にリバランスが可能です。

285ページの図46を改めて見ていただければわかる通り、私がおすすめする5社はすべてこの「100円から買える」という条件を満たしています。

金融機関を選ぶポイント②

任意の銀行から引き落としが可能

金融機関を選ぶポイントの2つ目は、「任意の銀行から引き落とし可能」という点です。

この条件を満たしていない金融機関にNISA口座を開いた場合、積み立てをしようと思ったら、毎月、毎月、手動で振り込まなければならなくなってしまいます。

仮に、月々3万円積み立てようと決めていたら、毎月、ATMに行って3万円振り込む必要があるわけです。もちろん振込手数料もかかります。

こんな面倒なことを毎月できますか?

それにもし、忙しくて振り込みを忘れてしまったという場合、その月の分の積み立ては0円になってしまいます。

翌月に忘れた月の分の積立金を足して積み立てればいいや、と思うかもしれませんが、積み立ての金額を変更するには、別途、手続きが必要になるのと、手続きが完了するまで、ある程度の日数がかかるので、カンタンな話ではありません。

しかし、「任意の銀行から引き落とし可能」な金融機関を利用すれば、毎月、手動で振り込むという面倒な作業は不要です。あなたが普段から使っている銀行口座から自動で引き落としをしてくれるので楽チンです。

毎月確実に積み立てることのメリット

もちろん、経済的な事情で家計が苦しくなって、積み立てを続けることが難しい状態になったら、減額するか、あるいは、思い切っていったん積み立てを中止してください。

中止しても何のペナルティもありませんから、そういう場合は遠慮なく停止するべきです。いつでも積立額の変更や停止ができるのが投資信託の利点ですから。

しかし、経済的に全く困窮しているわけではないのに、不注意や多忙で積み立てを忘れてしまうというのは、おすすめできません。

なぜなら、毎月積み立てを続けることで2つのメリットが享受できるからです。

ひとつ目のメリットは、投資信託が値下がりしたときに、安くなっているものをたくさん買えることです。

お買い得なうちに、きっちり仕込むことができるわけです。

逆に、値上がりしているときは、高くなっているので、あまり買えません。言い換えると、**自然と高値掴《づか》みを抑えることができる**わけです。つまり、積み立てをすることで、安いときにたくさん買って、高いときは買わないという理想的な買い方が自動的にできるのです。

2つ目のメリットは確実にお金が貯まるということです。

「先取り貯蓄」という言葉を何となく聞いたことがありませんか？　給料が入ってきたら、先に決まった金額を貯蓄して、残ったお金でやりくりするという方法です。

実は、私はファイナンシャルプランナーという仕事に20年以上従事してきているにもかかわらず、家計の管理が苦手です。あればあるだけ使ってしまうタイプです。

そんな私がお金を貯めるには、先取り貯蓄しかありません。ただし、手間暇がかかると面倒で続きませんから、とにかくカンタンであることが求められます。

そこで登場するのが、**任意の銀行から自動で引き落としてくれるシステム**です。好きな銀行を選べるので、給料が入ってくる口座を指定しておけば、手間なしで、強制的にお金が貯まっていきます。そのおかげで、家計管理が苦手な私でも、順調に資産形成が進んでいるので、とても助かっています。

毎月手動で確実に振り込みができる自信のある方ならともかく、そうでない人たちはこの条件を満たしている金融機関を選ぶほうがいいでしょう。

私がおすすめしている5社は、すべて任意の銀行からの自動引き落としが可能な金融機関になっています。しかも、手数料はかかりません。引き落とし口座をどの銀行に指定したとしても手数料は0円です。

金融機関を選ぶポイント③

ボーナス増額ができる

金融機関を選ぶポイントの3つ目は「**ボーナス増額が可能**」です。

積立投資をする場合、毎月一定額を積み立てしていくことになりますが、ボーナスが出たときに、その月だけ自動的に積立額を増額してくれる「ボーナス増額」という機能があります。

企業に勤めている方、公務員の方などは、毎年夏と冬にボーナスが出ているケースが多いかと思います。毎月の積立額はあまり増やせないけど、ボーナスのときは多めに積み立てできるという方もいらっしゃるでしょう。

例えば、毎月5万円ずつ本当は積み立てたいけれども、5万円を毎月捻出《ねんしゅつ》するのは厳しいので、月3万円の積み立てをしたとします。

この場合、毎月5万円積み立てた場合に比べて年間で24万円分、積立金額が少ないことになります

「この積立額だと、老後資金のための目標額に到達できそうにありません」

「どうしたらよいでしょうか？」

このようにお困りの場合もご安心ください。

ボーナスがあるなら、それで補えばいいのです。

夏のボーナスで12万円、冬のボーナスで12万円を増額できれば、毎月5万円積み立てたのと同じ合計金額を積み立てることが可能になるというわけです。

この増額を自動的に行ってくれるのが**「ボーナス増額機能」**です。ところが、すべての金融機関がこれに対応しているわけではありません。

ボーナス増額機能がない金融機関の場合、月3万円、ボーナス12万円という積み立てはできません。毎月の積立金額を5万円にするしかありません。

しかし、ボーナス増額機能がある金融機関ならば、毎月3万円、夏のボーナスは12万円増額、冬のボーナスに12万円増額というような設定が可能です。

おすすめの金融機関5社は、ボーナス増額に対応していますし、任意の銀行からの引き落としが可能ですから、ボーナス月に自動で設定した金額を、あなたが普段利用している銀行口座から引き落として積み立ててくれます。

会社員や公務員でボーナスのときに上乗せして投資をしたいという方にとっては、この機能のある金融機関を選ぶことで、自動的に計画的な積立投資が行えるのでおすすめです。

金融機関を選ぶポイント④

クレジットカード決済に対応している

金融機関を選ぶポイントの４つ目は「クレジットカード決済」です。

最近ではクレジットカード決済が一般的になり、クレジットカードによってはその発行会社独自のポイントが貯まるものがあります。

そのため、ポイントを貯めるために現金ではなく、あえてクレジットカードでの決済を活用している方が増えています。賢くポイントを貯めて、お得に生活する「ポイ活」という言葉も一般的になってきました。

従来は、積立投資をするための入金方法といえば、「銀行振込」あるいは「銀行引き落とし」くらいしかありませんでした。

しかし、最近ではクレジットカード決済で、投資信託の積み立てができる金融機関が増えてきています。

クレジットカード決済をするわけですから、当然、クレジットカードのポイントが貯まります。銀行引き落としと同様、先取り貯蓄ができて、なおかつポイントまでもらえてしまうのです。

ポイ活をしている方は、ぜひ活用してみてください。

おすすめの5社のうち、松井証券以外の4社は、投資信託のクレジットカード積み立てが可能です。

金融機関を選ぶポイント⑤

保有残高ポイントがもらえる

金融機関を選ぶポイントの5つ目は「**保有残高ポイント**」です。

前項で紹介した「クレジットカード決済」でつくポイントは、決済時に1回だけ付与されるポイントでした。

決済ごとにポイントがもらえるのでお得という話だったのですが、実は投資によってもらえるポイントにはもう1つ別のポイントがあります。

それが「保有残高ポイント」です。これは、あなたが投資信託をNISA口座に保有しているだけで貯まっていくポイントのことです。

クレジットカード決済による積み立ては決済時に1回だけしかもらえないのに対して、こちらは保有している間、ずっと受け取り続けることができます。

おすすめの5社とも「保有残高ポイント」はもらえます。ただ、285ページの図46を見ていただければわかるように、SBI証券、auカブコム証券、マネックス証券、松井証券は○にしましたが、楽天証券だけ△としました。

これはなぜかというと、楽天証券の保有残高ポイントだけ条件付きだからです。投資信託を購入して一定の残高を達成したときだけポイントをプレゼントするというものなのです。

10万円達成したら10ポイント、30万円達成で30ポイントという感じになっていて、それらの条件を全部達成したとしても、合計で2090ポイントしかもらえません。

それに対して、楽天証券以外の4社については、投資信託を保有しているだけで、毎月ポイントが付与され続けます。ですので、保有残高ポイントについては、楽天証券は見劣りしてしまいます。そのため△としました。

保有残高ポイントの「付与率」とは？

マネックス証券の保有残高ポイントのシステムを例として示しておきます。

マネックス証券は保有残高ポイントを「投信保有ポイント」と呼んでおり、投資信託の保有残高に対し、マネックスポイントが毎月もらえる仕組みです。

対象商品は国内株式型投資信託、外貨建てMMF、外国籍投資信託であり、付与率は銘柄によって変わり、年0・03％から0・08％となっています。

本書でご紹介してきたeMAXIS Slimの付与率は0・03％です。

仮に、eMAXIS Slimを500万円保有していたら、年間1500円分のポイントがもらえるということです。

それぞれの金融機関によって付与率が異なりますので、ご興味があれば、各金融機関のホームページでチェックしてみてください。

金融機関を選ぶポイント⑥
自動リバランス機能がある

金融機関を選ぶポイントの6つ目は「自動リバランス」です。

先ほども説明しましたが、リバランスとは、あなたが保有している投資信託の配分のズレを元の比率に戻すことを言います。

株式を50％、債券を50％という比率で投資を始めた場合、その後、株価が上昇して、株式が60％、債券が40％という比率に変わってしまったとします。

そのズレが生じた状態を放置せずに、元の比率に戻すことが「リバランス」です。

この場合、値上がりした株式を売って、その売って手に入れたお金で値下がりしている債券を買うことになります。

これによって、当初の「株式50％：債券50％」という状態に戻せます。

すると、値上がりした株式を「利益確定」し、値下がりした割安の債券を「買い増した」ことになるので、リスクを抑えることができ、さらに運用成績の向上も期待できるわけです

このリバランスは年に1回やるだけで良いですし、慣れてしまえば10分程度でできるのですが、なかには、「比率の計算とか、売ったり買ったりなんて、難しそうで、私にはできそうもありません！」という方もいるかと思います。

どうかご安心ください。**リバランスを自動でやってくれるサービス**を用意している証券会社があるのです。

それは、**松井証券**です。比率のズレの計算から、売ったり買ったりまで、面倒なことは、すべて松井証券が行ってくれます。

実は、このサービスを提供しているのは松井証券ただ1社しかありません。

なぜ、松井証券しか自動リバランスを提供していないかというと、実は松井証券が自動リバランスシステムの特許を取得しているからなのです。しかも、この自動リバランスシステムには手数料がかかりません。無料で利用することができます。

というわけで、このサービスについては松井証券1社のみ。無料で自動リバランスシステムを使うことができます。

松井証券の自動リバランスシステムでは、リバランスの頻度も選べます。年に1回から4回までの間で、頻度を決めることができます。

リバランスの頻度に関しては、これまでお話ししてきた通り、年に1回がおすすめです。というのも、**年に1回よりも短いスパンでリバランスをすると、リターンが下がるというデータがあるからです。**

年に1回という設定を一度行ってしまえば、あとは、毎年、自動でやってくれるので、めちゃくちゃ楽チンです。

他の会社にはないサービスですので、松井証券以外の金融機関を選ぶ場合は、手動でリバランスを行うことになります。

迷った時はSBI証券か楽天証券がおすすめ

さて、ここまで私のおすすめする、NISA口座を開設する証券会社を5社紹介してきましたが、あなたはじぶんに合った証券会社を見つけることができましたか？

「まだ、すぐには決められない……」

「5社から選ぶのも難しい……」

こうした方もいらっしゃるかもしれません。

そんなときは、利用者数が多い、つまり、**口座開設数が多い証券会社を選ぶ**というのも、1つの手です。

口座開設数が圧倒的に多い証券会社とは……SBI証券と楽天証券です。

SBI証券・楽天証券とそれ以外の証券会社の比較

この2社の口座開設数がどれくらい多いかを見てみましょう。

まず、SBI証券には1046万口座が開設されています（2024年2月現在・以下同）。

日本の証券会社で口座開設数トップを誇っています。

つまり、最も利用者が多いということです。

続く2位が楽天証券で、924万口座。SBI証券に迫る勢いです。


おすすめする5社の他の会社も見てみましょう。

マネックス証券は223万口座、auカブコム証券が160万口座、松井証券が146万口座ということで、SBIと楽天がいかにダントツで利用者が多いかがわかると思います。

証券会社のトップと聞くと、50代以上の方にとって真っ先に思い浮かべるのが「野村證券」ではないでしょうか。「日本一の証券会社と言えば野村證券」と思っている方は、かなりいるでしょう。

しかし、野村證券がトップだったのはかつての話。

野村證券の口座開設数は540万口座しかありません。

以前はこれでも十分すごかったのですが、もはや時代は変わってあっという間にSBI証券と楽天証券に抜かされてしまいました。

利用者が多い証券会社を選ぶメリットとは？

口座開設数が多くて利用者が多い。

これにはどういうメリットがあるのでしょうか？

例えば、あなたがSBI証券に口座を開設して投資信託の手続きをしようとしているとします。もし、手続きの途中でわからないことが出てきたらどうしますか？

おそらく、多くの方はインターネットで検索するでしょう。すると、口座開設数トップのSBI証券は、利用者が多いためインターネット上に解決策がたくさん共有されています。例えば、YouTubeに手続きのやり方をわかりやすく丁寧に解説している動画をアップしている人もたくさんいます。

あなたの知りたい情報について検索したときに、SBI証券や楽天証券に関する情報ならヒットしやすいというわけです。その反面、松井証券に関する情報を調べようと思っても、先の2社ほどの情報は得られにくいかもしれません。

そういった意味では、**利用者の多い証券会社を使うほうが、あなたが困ったときに問題を容易に解決しやすいというメリットがある**のです。

どの証券会社にしようか迷って決められないときは、口座開設数が多いこの2社を検討してみると良いかなと思います。

「SBI証券」「楽天証券」どっちを選べばいいの？

ここまでお話ししても、まだ決めきれないという方もいます。「SBI証券と楽天証券、どちらがいいのですか？」という質問もよくいただきます。

候補が2つに絞られても、なかなか選びきれないという方が多いようです。

この2社から選ぶ場合は、単純に**現在あなたが貯めているポイント**で選ぶのもいいでしょう。

楽天をよく買い物で使っていて、楽天ポイントを貯めている人は楽天証券。それ以外のTポイントやVポイント、Pontaポイント、dポイント、JALマイルを貯めている方はSBI証券がいいと思います。SBI証券なら、今挙げた5つすべてのポイントに対応しているからです。

5つの中から、好きなものを1つ選んで貯めることができます。

ただし、ポイントはあくまでもおまけだと思ってください。

ポイントに関する制度が変更されたり、改悪されたりする場合もありますし、将来的にはポイント制が廃止されるケースもあるかもしれません。ですので、ポイントだけでなく、総合的に判断して、証券会社を選ぶのが得策です。

ちなみに**自動リバランス機能に魅力を感じている人は松井証券一択**になります。とにかく手間暇をかけたくない、積み立てたら後は放置しておきたいという人にはおすすめです。

私の周りの50代以上の人には、松井証券を利用している方がけっこういらっしゃいます。自動リバランスが楽でいいと皆さんおっしゃっていますから、とにかく楽チンなのが良いという方には最適でしょう。

ネット証券は不安だけど大丈夫？

本書で私がおすすめしている5つの証券会社はすべて「ネット証券」です。ネット証券とは、実店舗を持つ店舗型の証券会社とは異なり、実店舗を持たないインターネット上の証券会社のことです。

店舗型証券会社は対面でのやりとりが魅力

ここで、実店舗を持つ店舗型（対面）証券会社と、ネット証券の違いについて軽く説明しておきましょう。

店舗型証券は、実店舗を持っていて、対面でのやり取りが可能です。例えば、あなたが店舗に赴いて、担当者と一対一で投資に関する相談をすることができるのです。

そのため、何かわからないことがあれば実際に専門知識を持つ担当者に直接質問できるというメリットがあり、そこから得られる安心感に重きを置く人にとっては、店舗型証券は魅力的に映ると思います。

店舗型証券会社のデメリット① 担当者のノルマがある

しかし、店舗型証券にはいくつかデメリットもあります。

担当者がつくということは安心材料でもありますが、実際のところ、証券会社の担当者にはノルマがありますので、しょっちゅう営業電話をかけてくるケースもあります。

担当者が転勤し、新しい担当者に変わると、その都度、別の商品を勧められるというのも、よくある話です。私は営業トークの押しに弱いので、セールスされるのがすごく苦手です。「何度も断るのも悪いな……」と思って、必要もないのに買ってしまうかもしれません。

担当者にすすめられた投資信託を言われるがまま買っていても、必ずしも得をするわけではないので注意しなければいけません。店舗型証券は家賃や人件費など多くの経費がかかっているため、手数料が安い商品を販売していたら成り立ちません。そのため、**購入時手数料がかかって、信託報酬も高い投資信託**をすすめざるをえません。

そもそも、購入時手数料がゼロ円で信託報酬が低いインデックスファンドは、実店舗では取り扱っていなかったりします。

店舗型証券会社のデメリット② 営業時間が平日の昼間のみ

それに加え、実店舗が営業しているのは平日の日中です。仕事をしている人であれば、平日に店舗に行く時間を確保するのは大変ではないでしょうか。

ただし、最近では店舗型証券でもスマホアプリなどを使ってオンラインで注文を行うことができる会社も増えています。

他にも、次のような不便がある場合があります（各証券会社によって異なります）。

◎投資信託の最低購入価格が1万円から
◎ボーナス増額の仕組みがない
◎クレジットカード決済ができない
◎ポイント制度がない
◎リバランスをするには追加で管理手数料も負担しないといけない

このように考えると、店舗型証券会社をチョイスする理由はあまりなくなってしまいます。

ネット証券のメリットとデメリット

それでは、ネット証券のメリットとデメリットとは、どんなものなのでしょうか。まず、ネット証券のメリットはたくさんありますが、代表的なものをいくつかご紹介します。

ネット証券のメリット① 誰からもセールスされない

ネット証券では誰からもセールスされることがありません。営業電話もかかってきません。私のような、押しに弱い人間には、とても助かります。セールスされるだけでメンタルがすり減り、1日が憂鬱《ゆううつ》になってしまいますので。

それに、**投資信託を売却して現金化する場合も、誰からも引き止められません。**「そのお金は何にご利用されるのですか？　他にも良い商品がありますので、お話をお聞きになりませんか？」みたいな引き止めは、全くありませんので、気兼ねなく現金が受け取れます。

ネット証券のメリット②　いつでも買い注文が出せる

次に、**いつでも買い注文が出せるところ**です。

パソコン、スマートフォン、タブレットなど、インターネット接続が可能な端末があれば、時間も場所も問わず、いつでもどこでも投資信託を購入することができます。平日の日中だけでなく、24時間365日いつでも操作可能です。平日の夜でも、土日祝日でも、都合が良いときに買ったり売ったり、あるいは積立額の変更や停止もできますので、とても便利です。

実店舗を持たないネット証券は、店舗型証券に比べて家賃や人件費などの経費が圧

倒的に少なくて済むため、信託報酬が安い投資信託を数多く取り揃《そろ》えています。

さきほどご紹介したおすすめの証券会社5社にいたっては、取り扱っているすべての投資信託の購入時手数料を0円にしています。手数料がかさめばかさむほど、あなたの投資運用成績は悪くなるわけですから、手数料の安さは長期的に見れば塵《ちり》も積もれば山となります。

ネット証券のデメリット

一方、ネット証券のデメリットといえば、専門的な知識を持つ担当者からのアドバイスを受けられないことと、インターネットが苦手な人にとっては、使い方で戸惑うことがあるかもしれない点です。

金融機関が破綻したらどうなるの？

ここまで読んでくださったあなたであれば、私がネット証券推しであることは、お分かりだと思いますが、それでも「ネット証券って、安全なの？」と不安に感じている方もいるかもしれません。

「ネット証券は安全なのか？」という点ですが、結論から言えばかなり安全です。もう少し正確にいうと、**投資信託そのものが安全**なのです（図47）。

なぜ、投資信託は安全なのか？

投資信託は、販売会社・運用会社・信託銀行という各金融機関がそれぞれの役割を

［図47］

投資信託は安全・安心な商品

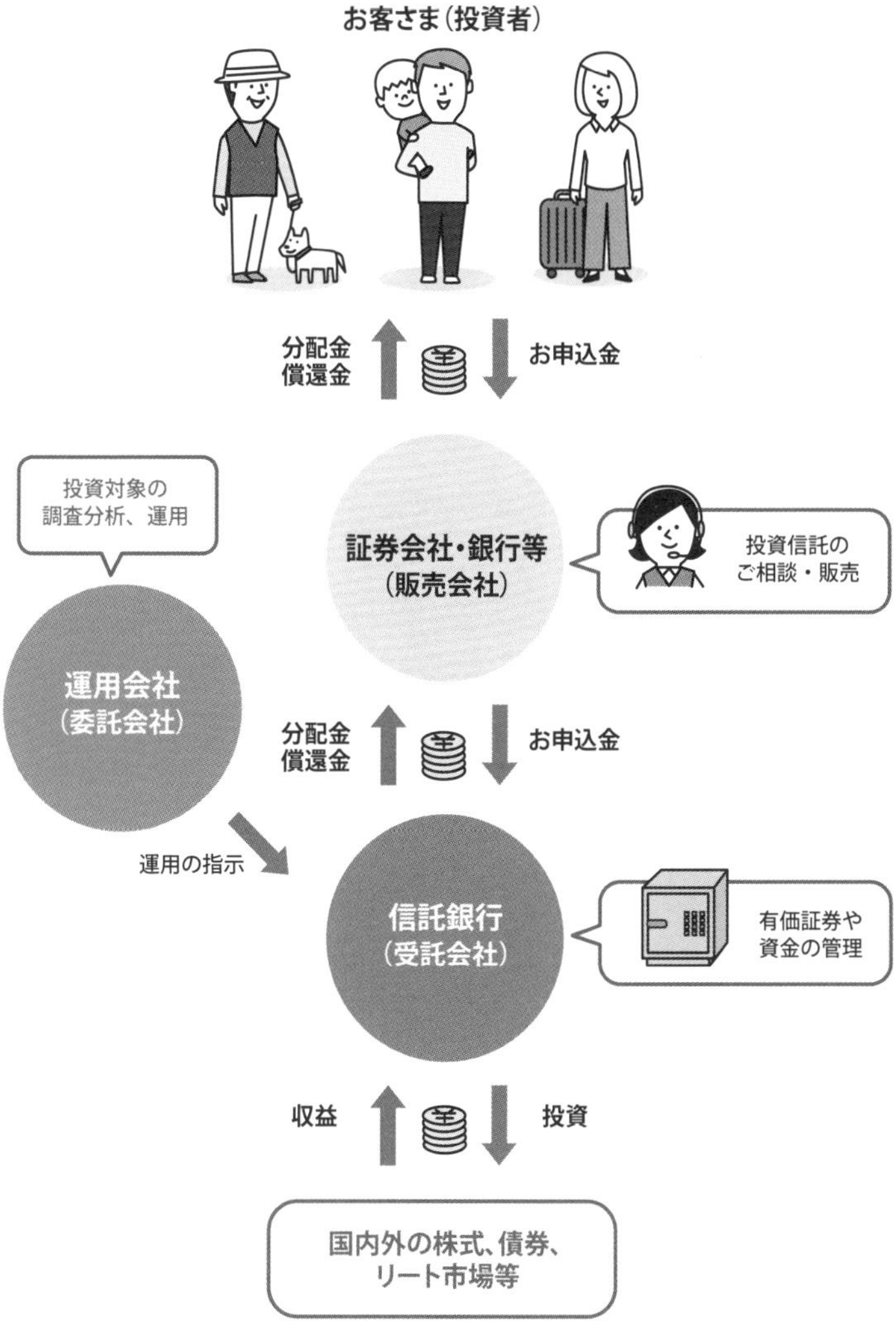

果たすことで成り立っている金融商品です。

「金融機関が破綻してしまったらどうなるのか?」という不安を抱く人が多いのですが、その不安を解消するべく、投資信託は仕組み上、仮に投資信託に関わる各機関が破綻したとしても、あなたが預けたお金は投資額の多い少ないを問わず、制度的に守られるようになっています。

その具体的な仕組みを解説するとなると、ちょっとややこしいので割愛しますが、**販売会社・運用会社・信託銀行のどこが破綻したとしても、私たちのお金は守られるような仕組みになっています。**

これが、投資信託が安全な商品だと言われるゆえんであり、ネット証券が実際の人を介さない業態であっても、安全・安心な理由なのです。

私が死んだとき、NISAのお金はどうなりますか？

いよいよ、50歳から始めるNISAについての最後の項目です。ここまで説明し終えたときによく聞かれる質問が次のものです。

「私が死んだら、NISAで投資しているお金はどうなっちゃうんですか？」

20代～30代の方からこういった質問を受けることはほとんどありませんが、50代以上の方からはよくいただきます。

投資しているご本人がお亡くなりになった場合、NISAで保有している投資信託は遺族が相続をすることになります。

ただし、**注意点として、相続する場合には、遺族もお亡くなりになった人と同じ金融機関に口座を持っておく必要があります。**

例えば、私の場合でいうと、ＳＢＩ証券でＮＩＳＡを開設して、ｅＭＡＸＩＳ Ｓｌｉｍを保有しています。

いずれ私が死んだら、ｅＭＡＸＩＳ Ｓｌｉｍは、妻か子どもたちが相続することになります。仮に、妻が相続する場合、妻もＳＢＩ証券に口座を持っておく必要があるのです。

ただし、現時点で開設している必要はありません。**将来的に相続するときに開設すればオーケーです。**

そして、いざ相続するとなったとき、私が持っていたｅＭＡＸＩＳ Ｓｌｉｍは、妻のＳＢＩ証券の口座に移管されます。ということで、ＮＩＳＡの相続は投資信託のままの相続になります。したがって、その投資信託をそのまま運用し続けるのか、それとも売却して現金化するかは、妻が決めることになります。

遺族のNISA口座への移管はできない

それから、もう1つ注意点があります。

お亡くなりになった人がNISA口座で保有していた投資信託を、遺族のNISA口座へ移管することはできません。そのため、NISAの口座ではない特定口座や一般口座といった普通の口座に移管されることになります。

相続した投資信託を普通の口座で運用を続けていき、その後、利益が出て売却した場合は、相続後に発生した利益に対して課税されることになります。

具体的な手続きについては、ネット証券も相続の問い合わせ専用の電話番号を用意していたりしますので、オペレーターに電話で相談しながら手続きを進めることができます。その電話番号をエンディングノートなどに記しておくと、いざというときにご遺族はスムーズに手続きができるでしょう。

第6章まとめ

- 50代が始める分散投資のための投資信託の選択条件は次の3つ
①購入時手数料がかからないもの。
②インデックスファンドを選ぶ。
③信託期間が無期限のもの。

- 資産クラスを「A国内株式」「B外国株式」「C国内債券」「D外国債券」の4つに分け、A:25%、B:25%、C:15%、D:35%の比率で積立投資を推奨。

- おすすめの銘柄はeMAXIS Slim一択。

- NISAの非課税枠を利用する場合、債券型の投資信託は「成長投資枠」でのみ購入可能。成長投資枠を優先使用し、投資総額が1200万円を超えそうな場合はつみたて投資枠も併用する。

素朴な疑問にシンプルに回答!

Q&A集

Q

たびたび登場する「配当込み」ですが、実際にその恩恵にあずかるには、どのインデックスファンドを選べばいいのでしょうか?

A

「配当込み」というのは、配当金を再投資して運用した結果を表したものなので、言い換えると、複利運用した結果ということになります。ですので、投資信託で複利運用すれば「配当込み」と同じ値動きになります。そのための方法は次の2つです。

①分配金が出ないタイプの投資信託を選ぶ
②分配金再投資コースを選ぶ

本書で登場するeMAXIS Slimは分配金を出さないので「配当込み」と同じ動きになります。

Q

年収の何%を投資に回すべきか?

A

資産形成の目標額によって決まります。たとえば、じぶん年金戦略3倍ルール(165ページ参照)でいうと、じぶん年金を月5万受け取りたい場合、必要な積立額は月5万円です。このように目標額から逆算してみて下さい。

Q

旧つみたてNISAで保有している投資信託はどうしたら良いでしょうか?

A

旧つみたてNISAの非課税枠は、新NISAとは別枠で利用できるので、基本的にはそのまま で良いかと思います。

Q

旧NISAで一般NISAをやっていた人はどうするべき?

A

非課税期間が終了するまで保有しておいて、その後、いったん売却して、新NISAで買い直すというのが良いかなと思います。

Q

「個人向け国債 変動10年」はＮＩＳＡで買えますか？

A

残念ながら、ＮＩＳＡでは購入することができません。

Q

手数料がほとんどかからないインデックスファンドを販売する証券会社は何で儲けてるの？

A

個別株の売買手数料や信用取引の金利収入などで利益をあげているようです。

Q

絶対に近寄ってはいけない金融商品とは？

A

ノーリスクなのにハイリターンという商品には絶対に近づかないでください。それは詐欺です。

Q

「生活防衛資金」はいくらぐらい必要か？

A

生活防衛資金は一般的に生活費の3ヶ月分～6ヶ月分と言われています。

Q

子どもにも投資をさせたい。どう伝えたら良いか？

A

親の言うことをうるさいと感じるお子さんもいらっしゃいますよね。なので、伝え方はなかなか難しいかと思います。「子どもに鬼塚さんのユーチューブを見せたら興味を持ったようです！」という方もいました。

Q

ネット証券は通帳がないし、私が死んだとき、家族はどうやってそれを知るの？

A

ご家族に知らせる方法は4つあります。

① **今のうちに口頭で伝えておく**
② **エンディングノートに書いておく**

③ **自筆証書遺言書保管制度を利用する**
④ **取引残高報告書を「郵送」に変更しておく**

Q 家族が投資に反対しています。どうしたらいいですか？

A このお悩みは本当に多いです。今まで、いろんなパターンの方を見てきました。たとえば、「自分のお金だけで始めた」「こっそり始めた」「１年かけて説得した」など。その後、資産が増えていくと、反対していたはずの家族のほうが、むしろ投資に熱心になったというケースも多々あります。

Q 旧ＮＩＳＡは非課税期間が終わる前に売らないと損しますか？

A 非課税期間終了後に新ＮＩＳＡで買い直す予定がない場合は、利益が出ているうちに売却したほうが良いです。なぜなら、旧ＮＩＳＡから普通の口座に移管されるときに、そのときの評価額が取得価格になるからです。

仮に、旧ＮＩＳＡで１００万円投資して、普通の口座に移管されるときに80万円に減っていたとしましょう。その80万円が取得価格になるので、その後たとえば、１００万円に戻ったときに売却すると、課税されてしまうのです。ですから、非課税期間内に利益が出ているうちに売却したほうが得策です。

Q 昔、銀行で勧められるがままに買った投資信託はどうしたら良い？

A ３つの選択肢があります。

① **分散投資の一部に組み込んで管理していく**（難易度：高）
② **売却してｅＭＡＸＩＳ Ｓｌｉｍに買い替える**（難易度：低）
③ **なかったものとして放置する**（難易度：低）

Q すでにオールカントリー1本で投資していますが、その場合、国内債券と外国債券の投資信託を投資対象に加えればいいでしょうか？

A オールカントリーの中身を見ると、国内株式は5％ほどしか入っていません。そのため、国内債券と外国債券の投資信託を投資対象に加えるだけでは、本書で紹介した50代の方が分散投資をする際の最適な配分例を実現することはできません。

Q パート主婦ですが、iDeCoはしたほうが良いですか？

A 年収が103万円以上あればiDeCoの節税メリットが得られますよ。

Q 特定口座で購入している投資信託はいったん売却して、新NISAで買い直したほうがいいですか？

A 新NISAの枠が余っているようであれば、買い直すのは良い作戦だと思います。

Q 一括で投資するのと、何回かに分けて分割で投資するのはどちらが良いですか？

A 過去のデータを見てみると、**一括投資のほうが分割よりもリターンが高い**という結果が出ています。これは複利効果によるものと考えられます。そのため複利効果を最大限に享受したい場合は一括投資が良いかと思います。ただし、**投資開始後すぐに大暴落ということもありえますので、メンタルが弱めの方は、分割もあり**だと思います。

おわりに

本書を最後までお読みくださり、本当にありがとうございました。

なぜ私がこの本を執筆したのかというと、われわれ日本人の金融教育の必要性を痛感しているからです。

私が金融教育に携わり始めてからすでに17年以上もの月日が経ちました。主に大人向けの金融教育を行っておりますが、最近では子どもたちにも焦点を当て、日本FP協会のパーソナルファイナンス教育インストラクターとして、小学校を訪れ、小学生向けの授業を行ったりしています。

それでは、なぜ私は日本人にはもっと金融教育が必要だと考えているのか。

それは、**金融教育が社会問題の解決につながる**と信じているからです。

特に私が心を痛めている社会問題は2つあります。

1つ目はSNSでの過度な誹謗中傷、そして2つ目は無差別殺傷事件です。

これらの問題によって、被害者は最悪の場合、命を落としてしまうことがあります。

こうした出来事は頻繁にニュースで取り上げられており、皆が「こんなことはしてはいけない」と理解しているはずです。にもかかわらず、なぜかこれらの問題はいまだに根絶されていません。なぜ人々は「やってはいけない」とわかっていながら攻撃的な行動に出てしまうのでしょうか。

私の仮説としては、大きなストレスを抱え、心に余裕がない状態で攻撃的になっている可能性があると考えています。

現代の日本人が抱えているストレスの原因はさまざまだと思いますが、その1つにお金の問題というのが大きな存在感を占めていると思います。

アメリカでは小学生から金融教育が行われており、日本でも昨年から高校の家庭科に金融教育が組み込まれるようになったそうですが、まだまだ十分な金融リテラシーが育ったとは言えない状況です。

私の娘が通う高校では、金融の授業が年1回、わずか2時間しかなかったそうです。家庭科の教諭に話を聞く機会があったのですが、家庭科は範囲が広く、授業時間も限られているため、金融教育まで手が回らないのが現状のようです。金融教育の充実は、今後の日本における教育の大きな課題になるのではないでしょうか。

金融教育が盛んなアメリカと、そうではない日本とでは、結果的にどれほどの差が生まれているかご存じでしょうか。

金融庁が取りまとめた、アメリカと日本の金融資産の推移を表したグラフを見ると、日本では、1994年に20歳代だった人の平均貯蓄額が402万円だったそうです。その20年後、2014年に40歳代になったときの貯蓄額が924万円でした。金融資産が2倍に増えています。日本人は真面目だから、頑張ってコツコツ貯めてきたんだろうな……ということが読み取れるのではないかと思います。

ところが、一方のアメリカ人はというと、これが「8倍」になっているというから驚きです。20年の間に、平均で金融資産が8倍に増えているのです。

アメリカと日本で、なぜこれだけの差が生まれてしまったのか。

その理由は単純です。日本人は資産のほとんどを預金として眠らせてしまっているのに対し、アメリカ人は資産の半分以上を投資に回しているからです。

日銀が発表している家計の金融資産構成を見ると、日本人は54・3％が現金・預金であるのに対し、アメリカ人は株式、投資信託、債券といった投資の割合が半分以上を占めており、預金はわずか13・7％しかありません。

アメリカ人の資産が20年で8倍に増えている理由は、質素な生活を心がけて、コツコツ節約を頑張って貯蓄に励んできたからではありません。単純に誰もが普通に投資をしているから、資産が効率よく増えてくれたということなのです。

そう考えれば、日本でもきちんと金融教育を徹底させて、多くの国民が投資をスタートさせることができれば、アメリカ人のように資産を増やしていき、お金の問題を解決していくことができるのではないでしょうか。そして、ひいては我々のストレスも減って、他人を思いやる気持ちを持つ余裕が生まれ、さまざまな社会問題もゆくゆくは解決していくかもしれません。

この本でずっと紹介してきた「分散投資」という投資方法は、実は多くの人がやればやるほど、日本経済が活性化し、社会貢献にもつながる素晴らしい可能性を秘めたものです。

なぜなら、多くの人が分散投資をするということは、日本の株式と債券にもお金がどんどん流れ込んでいくということを意味しているからです。

株式にお金が流れ込むということは、詰まるところ、企業の事業拡大や売上アップに貢献し、雇用をもたらし、賃金を上げることにつながっていきます。

そして、債券にお金が流れ込むということは、例えばそれが国債なら、そのお金を国は公共事業に使うわけですから、公共事業の受注が増え、さらには雇用も増えることになるので、企業が利益を上げて元気になります。

企業が利益を上げて元気になれば、そこで働く人の給料も上がっていくでしょう。給料が多くなれば、家計にも余裕が出てくるでしょう。

つまり、それまで投資に資金を回す余裕がないほど苦しかった人たちの給料も増えるので、そういった人たちも投資に参加できるようになるわけです。

その人たちも投資をやるようになって、分散投資を行えば、株式と債券にお金がさらに流れ込み……という素晴らしい好循環が生まれて日本経済は間違いなく活性化するはずです。

これが、金融教育が日本を豊かにする、投資が私たちの問題を解決してくれると私が信じている理由です。1人でも多くの方が、投資という「豊かな日本を作るための方法」に目覚めていただき、皆で次世代の子どもたちに豊かさをバトンタッチすることができればと切に願っています。

最後までお読みいただき、ありがとうございました。

鬼塚祐一

【著者プロフィール】
鬼塚祐一（おにづか・ゆういち）
お金の運用の専門家である一級ファイナンシャル・プランニング技能士（国家資格）
株式会社鬼塚ＦＰ事務所代表取締役
大学卒業後、郵政事業庁に入り、ゆうちょとカンポの営業職に従事し５年勤務。その後、女性向けのマネー講座を主催するFP事務所に転職。講師として500回以上、セミナーに登壇する。2015年４月に独立。日本では珍しい、金融商品の仲介を一切しないFP事務所を設立。新聞雑誌の記事監修、テレビ出演多数。YouTubeチャンネル「小学生にも分かる投資の授業」は登録者数11万人超。

◎公式サイト
1級FP鬼塚祐一の小学生にも分かる投資の授業
https://fp-onizuka.com/

◎YouTube
小学生にも分かる投資の授業 講師：鬼塚祐一
https://www.youtube.com/@onizukayuichi

50歳ですが、
いまさらNISA始めてもいいですか？

2024年４月23日　　初版発行
2024年９月18日　　４刷発行

著　者　鬼塚祐一
発行者　太田　宏
発行所　フォレスト出版株式会社
〒162-0824 東京都新宿区揚場町2-18　白宝ビル7F
電話　03-5229-5750（営業）
　　　03-5229-5757（編集）
URL　http://www.forestpub.co.jp

印刷・製本　中央精版印刷株式会社

ISBN978-4-86680-272-5　Printed in Japan

『50歳ですが、
いまさらNISA始めてもいいですか?』

購入者限定
3大無料特典

特典1

動画版『50歳ですが、いまさらNISA始めてもいいですか?』

「文字を読むよりも動画のほうが頭に入るんだけど……」という読者の方に向けて、なんと、本書の全コンテンツの動画版をご用意いたしました。

特典2

50歳から始めるiDeCoフル活用術(PDF)

NISAの話をしていると、よく聞かれる質問があります。
それは、「NISAがお得なのはわかりましたが、iDeCoはどうなんですか?」
という質問です。本特典はそんな疑問にズバリお答えします。

特典3

リバランス自動計算ツール(URL)

1年に一度だけすればいい「リバランス」。
計算もさほど難しいものではありませんが、それでも「めんどくさい」という方へ。
一般公開していないお客様限定の「リバランス自動計算ツール」の
URLをこっそりお教えします。

3大無料特典を入手するにはこちらへアクセスしてください

http://frstp.jp/nisa50

※各無料特典はWeb上で公開するものであり、
小冊子・CD・DVDなどをお送りするものではありません。
※上記特別プレゼントのご提供は予告なく終了となる場合がございます。
あらかじめご了承ください。